나를 위한
습관

나를 위한 습관

초판 1쇄 발행 | 2016년 3월 7일

지은이 | 맹한승

발행처 | 이너북
발행인 | 김청환

책임편집 | 이선이

등록번호 | 제 313-2004-000100호
등록일자 | 2004. 4. 26.

주소 | 서울시 마포구 독막로 27길 17(신수동)
전화 | 02-323-9477, **팩스** 02-323-2074
이메일 | innerbook@naver.com

ISBN 978-89-91486-85-0 03320

나를 위한
습관

맹한승 지음

이너북

차원이 다른 삶을 원한다면
차원이 다른 습관을 길러라

우리가 사는 삶이란 과연 얼마나 영원할 수 있을까? 기껏 욕심을 내도 100살을 못 사는 인생이다. 그중에서도 심신이 내 의지대로 말을 듣지 않는 여든 이후를 제외한다면 '산다는 것'을 인식하며 사는 삶은 겨우 60년이다. 그렇게 길지 않은 인생을 살면서 '그럼 에도 불구하고 나답게 즐거웠어' 하며 자신의 삶에 만족하며 지상 에서의 시간들을 반추할 수 있는 인생들은 과연 몇이나 될까?

프랑스의 시인이자 사상가였던 폴 발레리는 "생각하는 대로 살 지 않으면 사는 대로 생각하게 된다."고 말했다. 얼마가 될 지도 모 르는 나의 삶. 그 가치와 재미, 의미를 되새기지 못하고 시간의 굴 레 속으로 마냥 자신을 맡겨 놓는다면 자신도 모르게 지금 사는 대로 아무런 의미도 없이 인생을 낭비하며 살게 되지는 않을까?

'차원이 다른 삶은 어떻게 살아야 하는 것일까?'

일상을 가장 자신있고 의미있게 즐길 줄 아는 삶보다 더 가치 있는 삶이란 과연 어떤 것일까? 무엇보다도 나답게, 행복하게, 가치 있게 인생을 즐기며 살 수만 있다면 굳이 남을 따라 하지 않아도 충분히 차원이 다른 삶을 즐길 수 있지 않을까?

어깨에 힘을 빼고 늘 하던 대로 일상에서, 회사에서, 쉼터에서, 공부에서 남과 다른 나만의 즐거움을 찾았던 순간들을 가급적 진솔하게 얘기하고 싶었다. 꽉 짜인 직장에서 벗어나, 정해진 틀에서 뛰쳐나와 어울리고 배려하고 느끼는 습관을 하나둘 쌓아가니 차츰 나답게 산다는 것이 정말 의미 있고 즐거운 생활로 다가왔다.

크게 세 가지 측면에서 나를 위한 습관의 기본을 제시하고자 했다.

먼저 타인을 배려하는 습관에 대해서 주마간산으로 언급했다. 더불어 함께 사는 습관은 어렸을 때부터 가르쳐 줘야 제대로 진가를 발휘한다. 그래서 어렸을 때부터 '다름을 인정하고' '어려운 사람들에게 손을 내밀며' '진정한 배려의 마음을 갖는 법'을 생활 속에서 실천할 수 있는 습관을 몇 가지 얘기했다.

다음은 나답게 즐거울 수 있는 습관에 대해서 상당히 주관적으로 언급했다. 나만의 쉼터를 찾고, 즐겁게 취미를 살리며, 걷고 맛보고 독서하며, 내 식대로 버킷리스트를 만들어 일상이 축제가 되는 방법들을 찾아보았다.

마지막으로 일상을 다르게 사는 창조적 습관을 고민해서 찾아보았다. 시간을 창의적으로 계획하고, 혼자만의 사색과 자연에서 느끼는 창조적 일탈의 방법이 어떤 것들일지를 일별해 보고자 노력했다.

차원은 자신이 만들어가는 것이다. 물론 아둔한 머리로 그걸 깨닫는 데는 무려 20여 년이 다 지나서 출판사와 기성 관계를 훌쩍 벗어나서 나만의 방식으로 일하고 공부하고 느끼면서 겨우 깨닫게 됐지만.

내 방식이 모든 분들에게 즐거운 방식이 될 수는 없을 것이다. 그러나 지금 세상 일이 고달프고, 뭔가에 끌려다니면서도 나만의 생기 넘치는 생활이 안 된다고 답답해하는 분들이 있다면 '저렇게 사는 법도 제법 자유롭고 재미있는 삶의 태도구나' 하는 정도로 반면교사해 주시면 어떨까. 어차피 세상은 순간을 영원처럼 사는 것일진대, 더 늦기 전에 한번 나답게 행복한 일상을 다시 꿈꿔 보는 것도 나름의 가치 있는 삶이 아니겠는가.

전혜린의 유언처럼 오늘도 '순간을 영원처럼 아름답게 저물 수 있기를' 허름한 사무실 한켠에 아름답게 지는 석양을 바라보며 기원해 본다.

한휴재에서 맹한승 씀

1. 나답게, 행복하게 살아가는 창조 습관

2. 나만의 경쟁력을 키우는 생활 습관

3. 더불어 함께하는 사회 습관

1

나답게, 행복하게 살아가는 창조 습관

나 자신이
아름답고 떳떳하게
주체적인 생활을 하기 위해서는
일상에서 바른 습관을 갖는
자세가 중요하다.

chapter 1
왜 습관이 중요한가?

좋은 습관이 좋은 사람을 만든다

습관은 제2의 천성이다. 자신의 일가를 일군 사람일수록 어려서 부터 철저하게 좋은 습관을 길러왔다. 우리는 좋은 습관을 굳이 성공한 사람들의 생활자세에서 찾는데 문제는 나 자신에게 있다. 바로 나 자신이 아름답고 떳떳하게 주체적인 생활을 하기 위해서 일상에서 바른 습관을 갖는 자세가 중요한 것이다.

집을 나서면서 마주치게 되는 동네 사람들과의 인사, 회사에 나가 하는 업무의 철저한 몰입, 약속시간을 잘 지키고 동료들에게 배려하는 행동 등은 눈에 잘 띄는 일은 아니지만 하루 이틀 모여서 쌓이면 그 사람의 평판이 된다. 홀로 있으면 개성이요, 함께 일하면 평판이 될 수밖에 없는 게 평소의 태도이다. 우리는 개성적인 인격자가 되기 위해서든, 성실한 직장인이 되기 위해서든 어느 것 하나 습관으로부터 자유로울 수는 없다. 평소 행동이 쌓여 그것이 개성으로 인지되면 개인의 자아실현을 위한 결정적인 요인으로 작용한다. 하지만 일상에서의 이러한 개성의 차이는 미미해서 잘 드러나지 않는다. 그래서 사람들은 작은 차이를 간과하는 경우가 많다. 반년, 1년 혹은 5년 등으로 시간의 단위가 늘어나면 확연한 차이를 드러낸다. 다시 말해 작은 차이라도 그것이 쌓여서 개성으로 자리 잡으면, 그 사람을 화려한 성공자로도 또는 불만투성이의 인생 낙오자로도 만들 수 있다는 말이다. 요컨대 습관의 차이가 성공의 당락을 결정하므로 사소한 습관이라도 그것이 나쁜 것이라면 애초에 싹을 잘라내야 한다.

'세 살 버릇 여든까지 간다'는 속담이 있다. 한 번 들인 버릇, 즉 습관은 고치기가 어렵다는 말이다.

습관에는 좋은 습관과 나쁜 습관이 있다. 좋은 습관은 자아실현을 통해 자신을 성공으로 이끌지만, 나쁜 습관은 성공으로 가는 길에 걸림돌이 될 뿐이다.

나는 어린 시절부터 나만이 가지고 있는 고질병이 있었다. 그건 바로 시작은 창대한데 끝은 엉성하기 짝이 없다는 것이다. 이런 내 태도는 아마도 뭔가를 시작하다가 조금만 성과가 나면 금세 방심해버리는 못 말리는 자기 교만에서 비롯된 생활 습관이었다. 또다른 나쁜 습관은 도무지 정리정돈을 할 줄 모른다는 것이었다. 직업이 글쓰는 일이다 보니 한 가지 일을 시작하려면 자료를 모으고 정보를 취합하고 관련책자를 뒤지느라 온통 책상은 너저분한 전쟁터가 되기 일쑤였다. 심지어는 지금 하고 있는 작업에 필요한 자료가 책상 어디에 있는지 분간을 못해 아까운 시간만 축낼 때도 한두 번이 아니었다. 이러한 내 습관은 한동안 맡은 일마다 '기획은 뛰어난데 원고는 그만 못하다' 는 치명적인 평가에 시달려야 했다. 그만큼 한번 들인 나쁜 습관을 고치기가 결코 만만한 것이 아님을 나는 충분히 고생스런 경험을 통해 마음에 인이 박히도록 실감했었다. 나는 이 고질적인 습관을 고치지 않으면 사회생활에 애로가 많을 것임을 직시하고 철저히 나쁜 습관 타파에 들어갔다. 그때 내가 가장 신경을 써서 개선하고자 했던 생활태도는 일이 끝날 때까지 하루 몫을 정해놓고 계획표를 짜서 그대로 하루 하루 실행에 옮기는 습관을 들이고자 노력했던 것이다. 또 하나는 일을 하기에 앞서 관련자료를 원고 집필 순서에 맞게 먼저 자리를 잡아놓고 글을 썼고,

하루의 일량이 끝나면 끝낸 원고 부분 자료는 책꽂이에 꼭 꽂아두는 습관을 들였다. 무엇보다 하루 할 일은 꼭 하고, 일하는 공간엔 일에 필요한 자료 외에는 널어 놓지 않았다. 이런 생활을 근 3년 여 실천하자 서서히 몸에 밴 나쁜 습관들이 사라지고, 자연스럽게 '기획한 대로 글도 괜찮다' 는 과분한 칭찬을 받기에 이르렀다.

우리들은 매일같이 반복되는 일상에 안주해서, 다시 말해 현재의 생활의 습관처럼 굳어져 버려 새로운 차원으로의 도약을 주저한다. 버나드 쇼는 이렇게 말했다.

"습관이란 오래 신은 신발과 같이 편안하게 일상생활의 필요를 충족시키며 무의식적으로 그리고 의식적으로 선입관을 형성한다. 우리는 습관이란 낡아 빠진 신발을 신고 다님으로써 무능함과 멍청함과 나약함에 빠져서는 안된다."

그러나 과감하게 용기를 내어 습관의 굴레를 벗어나 자기를 개선하려는 사람들은 참으로 드물다. 숲 속에서 숲을 보지 못하는 것처럼 악습에 빠져 있으면 선이 무엇이고 악이 무엇인지조차 구분할 수 없게 된다. 그러므로 자기 잘못을 환한 빛 속에 펼쳐 보이고 뉘우칠 줄 알아야 한다. 완전을 향해서 나아가는 힘을 용기라고 부른다. 진정한 용기는 악행으로부터 과감하게 박차고 나오는 것이다.

내가 가지고 있는 습관과 지견을 과감히 깨부술 줄 아는 사람을 일컬어 해탈자라고 한다. 그는 구각을 탈피하고 어리석음에서 벗어나 과감하게 진리를 향해 나아간다. 무한한 행복과 열반의 세계는 끊임없이 자기를 부수는 과정을 통해 얻어진다. 병아리가 껍데기를 깨고 나오듯이 나방이 꼬치를 뚫고 나오듯이, 나를 부술 줄 알아야 진정한 나를 만들 수 있다. 이른 봄 여린 새싹이 꽁꽁 언 땅을 뚫고 나올 수 있는 것은 그 새싹 속에 생명이라는 놀라운 힘이 담겨 있기 때문이다.

습관이 바뀌면 성격이 달라진다

"사고思考가 바뀌면 행동行動이 바뀌고, 행동이 바뀌면 습관習慣이 바뀌고, 습관이 바뀌면 성격性格이 바뀌고, 성격이 바뀌면 운명運命이 바뀐다."

미국의 실용주의實用主義 철학자이며, 유명한 심리학자인 윌리엄 제임스의 말이다. 성공을 하기 위해서, 운명을 바꾸기 위해서는 작은 생각과 행동이 중요하다는 말이다.

　나는 습관을 바꾸는 데 있어서 불교의 현세관에 주목한다. 불교
에서는 하나의 경지를 이루기 위해서 끊임없이 고정관념을 타파해
나간다. 이는 곧 영원한 진보를 도모할 수 있는 사람은 과감히 자
신의 지견을 부수고 자기를 이길 수 있는 사람이어야 한다는 것이
다. 잘 모르는 사람의 말에도 귀를 기울이고, 의견이 다른 사람의
말에도 귀를 빌려 줄 수 있어야 한다는 것이다.

　《삼국지》에는 그 유명한 '일신우일신' 이라는 말이 있다. 바로 날마
다 새롭게 산다는 뜻이다. 어제보다 오늘이 새롭고 오늘보다 내일이
새로워야 한다. 이렇게 살고자 하는 사람들은 항상 새로운 생각을 갖
는 일에 익숙해야 한다. 끊임없이 학습 의욕, 탐구욕 등을 통해 눈을
세계로, 우주로 열어야 한다. 한 분야에 한 소식하는 사람들의 삶에
는 끊임없이 새로운 것을 찾아 부단히 노력하는 변화의 몸짓이 있다.
완전을 향해 가는 사람들은 끊임없이 새로운 차원의 삶을 추구하고
새로운 삶의 기틀을 다지기 위해 노력한다. 하루하루 깨달음을 얻는
새로운 날을 이어가 마침내 차원 높은 삶, 완전에 가까운 삶에 다가
간다.

나는 이처럼 완벽한 전인격자가 되기 위한 도저한 노력보다 일상생활에서 몇 가지 적극적인 자세만 가져도 분명히 자신이 주체적으로 생활하고 주위를 활기차게 바꿀 수 있다고 확신한다.

먼저 타인과 이야기하는 것을 즐거워하는 태도를 갖자. 물론 내성적이거나 수줍음이 많은 사람들에겐 결코 쉬운 일은 아닐 것이다. 그러나 부단한 노력으로 부끄러워하는 습관을 고치고 나면 자신있는 말하기가 가능해진다. 그런데 자신있는 말하기에서 유의해야 할 것은 말하고 싶어 하는 욕구를 가능한 한 억제하고 상대방의 이야기에 귀를 기울이는 노력을 해야 한다는 것이다. 지금까지 아무 생각 없이 '들었던hear' 태도를 바꿔 의식적으로 '경청하기listen to'를 해보자. 상대방의 이야기를 적극적으로 경청할 수 있게 되면 이전과는 달리 상대방을 많이 배려하는 습관이 길러질 것이다.

둘째, 매사를 긍정적으로 사고하는 습관을 길러라.

외적인 나의 태도가 적극적으로 변화하면 내적으로는 자연스레 진취적인 방향으로 생각하는 습관이 된다. 긍정적으로 행동하는 사람은 마음까지 밝아지게 마련이다. 그것을 습관화하면 인생 자체가 달라진다.

성장하는 인생? 후퇴하는 인생?

나이가 들고 선배에게서 이런 저런 조언을 들으면서 확실히 터득한 삶의 법칙이 있다. 그것은 진정으로 성공하려면 마음 속 깊이 '타인에게 감사하는 마음'을 가져야 한다는 사실이다.

다른 이들과 관계를 맺으면서 살아가는 삶 속에서 '타인에게 감사하는 마음'을 충분히 인식하면 자연스레 겸허해진다. 겸손은 자신감과 상반된 것이 아니다. 오히려 성공한 삶을 사는 사람은 '벼는 익을수록 고개를 숙인다'는 속담을 잘 숙지하고 있다.

얼마 전 U-16 월드컵 대회에서 한국 축구대표팀의 선수가 골을 넣은 후 화려한 세레모니를 했다. 그러자 많은 사람들이 겸손하지 못하다, 배려가 없다는 말을 쏟아냈다. 심지어 너무 나댄다는 표현을 쓰기도 했다. 그러면서 '벼는 익을수록 고개를 숙인다'는 속담을 인용했다. 그런데 그 선수는 이제 16세다. 기쁘고 좋은 것을 마음껏 표현해야 할 나이이다.

어른들의 우려처럼 겸손은 어느 상황에서나 필요하다. 하지만 젊은 사람이 자만심을 버리고 겸손을 배우는 데는 시간이 걸린다.

문제는 여기서 끝나지 않는다. 충분히 익지도 않았는데 벼가 고개를 숙이려고 하면 결국 부러져 알곡을 맺는데 실패하고 만다. 겸손을 강요할 것이 아니라 겸손을 익힐 수 있는 습관을 기르도록 하는 것이 중요하다.

나는 겸손한 행동과 마음가짐이야말로 인간관계를 호전시키는 가장 좋은 습관일 뿐만 아니라 주위 환경에 흔들리지 않고 평생 자신을 성장시킬 수 있는 원천이라고 생각한다.

사기를 북돋는 계획을 세우자

어떤 일을 하기 전에 먼저 계획을 세워야 한다는 것은 누구나 알고 있는 상식이다. 그런데 계획을 세울 때도 주의할 것이 있다. 무작정 계획을 세우고 그것을 실천하려고 하면 역효과가 나기 십상이다.

신년 계획을 세울 때나 새 학기 계획을 세울 때 우리의 모습을 떠올려보자. 허투루 보낸 지난해를 반성하며 새해에는 꼭 무언가를 이루리라고 다짐한다. 다이어리를 사서 맨 앞장에 새로운 계획을 대문짝만하게 적는 사람이 허다하다. 그런데 그중에는 터무니 없는 것들도 많다. 자신의 능력은 전혀 고려하지 않은 채 거창한 계획만 세웠기 때문이다. 연봉이 2천만 원밖에 되지 않으면서 1년에 1억을 모은다거나 세계 일주를 하겠다는 등의 계획은 누가 봐도 무리수다. 그래서일까. 실제로 계획한 것을 실천하고 이루는 사람보다 그렇지 못한 사람이 우리 주변엔 너무나 많다.

계획은 구체적으로 짜되, 너무 빡빡하게 짜서는 안 된다. '과유불급'이라고 하지 않았던가. 오히려 정도에 미치지 못할 때 성공은 우리에게 손을 내민다. 마치 괜찮다고 위로라도 하듯이 말이다.

먼저 내가 하루 24시간이라는 시간을 어떻게 분배해서 사용할 것인지를 검토해보자. 현대인들은 주로 직장에서 9시간을 일하는 데 사용한다. 그중에는 하루 아홉 시간을 열심히 일만 하는 사람도 있고, 일과 휴식의 시간을 적절히 조절해 일하는 사람도 있다. 또한 도대체 회사에 왜 온 건지 모를 정도로 일을 하지 않고 대충 때우다 퇴근하는 사람도 있다. 이중 세 번째 사람은 말할 것도 없고, 열심히 일만 하는 사람도 분명 문제가 있는 사람이다. 따라서 일과 휴식을 적절히 나누어 능률적으로 일하는 자세가 중요하다. 따라서 앞으로는 하루 동안 일을 어떻게 할 것인지 계획을 짤 때 무작정 많은 일이 아닌 내가 할 수 있는 만큼의 일을 적절히 배분해서 일하도록 하자.

여기서 우리는 하루 24시간 중 일하는 아홉 시간을 제외하고 평균 수면 시간 여섯 시간을 제외한 나머지 아홉 시간을 어떻게 계획해야 할지 생각해봐야 한다. 이때도 역시 무언가 특정한 일을 한다고 하더라도 마찬가지로 쉴 틈이 있어야 한다. 이 쉬는 것이 노는 것이라 해도 노는 것과 완전히 쉬는 것은 다르다. 노는 데도 신체적, 정신적 활동이 필요하기 때문이다.

계획을 거창하게 짜놓게 되면 실현할 수 없다는 그 자체도 문제가 되지만 더 큰 문제는 절망에 빠져 의욕 자체를 아예 잃어버릴 수도 있다는 것이다. 이렇게 되면 다음에는 시작도 하기 전에 포기부터 하고 마는 잘못된 생활 습관을 들이게 된다. 나의 사기를 북돋울 수 있는 계획은 따로 있다는 것을 알아야 한다.

또 이런 계획 속에서 얻어지는 나만을 위한 특별한 선물도 있다. 나 자신만을 위한 시간이 바로 그것이다. 사이사이에 껴 있는 꿀같은 휴식시간은 오직 나를 위해 쓰는 것이다. 어떻게 계획하느냐에 따라 사람마다 다르겠지만 그 시간은 분명히 존재한다. 제대로 처리하지도 못할 엄청나게 계획해놓은 일 때문에 그 시간은 한 시간이 될 수도, 네 시간이 될 수도 있다. 그냥 한 시간과 네 시간이라고만 하면 그리 큰 차이가 나지 않는 것처럼 느껴지겠지만 실은 그렇지 않다. 한 시간이 두 번 모이면 두 시간이지만 네 시간이 두 번 모이면 무려 여덟 시간이 되기 때문이다.

하루에 네 시간씩 나 자신을 위해 시간을 모으면 1년이면 1천 460시간이 된다. 1천460시간을 24로 나누면 60일의 황금같은 시간이 생긴다. 즉, 이렇게 시간을 모으면 두 달에 가까운 휴가를 얻을 수 있다. 나에게 주는 정말 엄청난 선물이 아닌가.

우리가 인생을 풍요롭고 행복하게 살기 위해서는 자기만의 목표를 갖고 목표에 하나 하나 성취해가는 과정을 즐기는 인생자세가 필요하다. 이때 목표는 될 수 있는 대로 세분화해 차례차례 하나씩 해결해나가는 것이 좋다. 이때도 목표는 너무 타이트하게 세울 게 아니라 자신이 실현할 수 있는 만만한 목표를 세워야 한다.

성공은 마라톤과 마찬가지로 다른 사람이 얼마의 속도와 박자로 뛰는지 관찰하되 그것에 결코 동요하지 않아야 한다. 처음부터 과도하게 속도를 내서 후반에 기진맥진하는 것은 아무런 의미가 없다. 또한 주위 사람이 천천히 뛴다고 해서 자신도 덩달아 안심하고

제 실력을 발휘하지 못해서도 안 된다. 항상 자신의 능력에 플러스 알파가 되는 방향으로 실력을 키워나가는 것이 성공의 지름길이다.

가장 나쁜 습관은 자신이 생각한 대로 일이 되지 않았다고 해서 쉽게 포기하는 것이다. 설사 남보다 속도가 느리더라도 착실하게 자신의 페이스대로 한 걸음씩 단계를 밟아나가면 성공의 문은 열리게 마련이다.

실력은 제자리에 멈추어 있는 것 같지만 실제로는 아주 천천히 전진하고 있다. 자신의 능력을 인정하지 않고 중도 하차해 인생 낙오자가 된다면 너무나 아깝지 않은가?

"자신의 최고 걸작품은 무엇이라고 생각하나요?"라는 사람들의 질문에 채플린은 "다음 작품이오"라고 딱 잘라 말했다고 한다.

성공한 사람은 어제보다 오늘, 그리고 오늘보다는 내일, 나아가서 내일보다는 미래에 더 성장한다고 생각한다. 여러분도 이상을 높게 잡고 뒤돌아보지 말고 전진하라.

내일을 내 것으로 만드는 행동을 하라

어렸을 때부터 자기 전에 꼭 해야 한다고 배운 일이 있다. 양치질. 그런데 나는 여기에 하나를 더하고 싶다. 내 일을 계획하라는 것이다.

침대에 눕기 전 잠깐 책상에 앉는다. 그리고 항상 지니고 다니는 수첩을 꺼낸다. 거기에 내일은 어떤 일을 해야 하는지, 내일까지 끝내야 할 일이 있는지, 약속은 어떤 것이 있는지를 생각해서 적는다. 대부분의 사람들은 귀찮다는 이유로 이러한 과정을 생략한다. 그리 많은 시간을 필요로 하지 않는데도 말이다. 이 일을 하는데 5분에서 10분이면 충분하다. 물론 이 일이 어려운 것은 매일 매일 하루도 빼놓지 않고 해야 한다는 것이다. 여기서 나는 습관의 중요성을 말하지 않을 수 없다. 그런데 잠깐 끄적거린다고 해서 얼마나 차이가 나겠냐고 의문을 품는 분들도 계시다.

계획을 세워 일을 하는 것과 그렇지 않고 무작정 일을 시작하는 것에는 엄청난 차이가 있다는 것을 알아야 한다.

계획을 세울 때 주의해야 할 몇 가지가 있다.

먼저 계획의 성공 가능성을 따져보라.

"이 계획은 나에게 안성맞춤이야. 성공 가능성은 거뜬히 100퍼센트가 되겠군. 그렇다면 아주 가볍고 기쁜 마음으로 계획된 일을 진행시켜야지."

"이 계획은 내가 자신 없어 하는 부분이야. 성공 가능성은 45퍼센트 정도밖에 되지 않겠는걸. 좀 더 치밀하게 계획하고 노력할 필요가 있겠어. 그렇게 이 계획이 80퍼센트만 성공해도 100퍼센트 성공한 것과 다름없겠군."

이처럼 성공 가능성을 따져보는 일은 객관적인 시선을 확보할 수 있게 한다. 그렇지 않으면 계획한 일을 실행하기에 앞서 의욕만 높이 솟아오른다. 들뜬 마음도 어느 정도 준비가 되었을 때야 시너지 효과를 일으킬 수 있다. 아무런 준비도 되지 않았는데 의욕만 앞서 성공 가능성이 60퍼센트에 불과한 일을 100퍼센트 달성할 수 있을 것이라고 자신에게 용기를 주어봤자 소용없는 일이다. 막 옹알이를 시작한 아기에게 용변을 강요한 꼴과 다르지 않다.

또 계획을 성공시키는 데 방해가 되는 요소들을 파악한 뒤 과감하게 제거해야 한다. 대학 강사이자 소설가인 한 친구는 강의가 없는 일주일에 이틀, 화요일과 수요일은 누구에게나 약속이 있다는 핑계를 대고 어떤 약속도 만들지 않는다. 그는 그 이틀 동안만큼은 자기 자신만을 위해 사용한다. 만나야 하는 사람들, 저녁 모임들, 학교 강의, 그 밖의 사회생활에 필요한 계획은 모두 월, 목, 금요일에 잡는다. 토요일과 일요일인 주말은 가족과 함께 보낸다. 그는 오랫동안 이 수칙을 철저하게 지켰다. 하지만 그는 생활에 불편함을 전혀 느끼지 못했다. 오히려 자신만의 카리스마와 프로페셔널함으로 주위 사람들을 사로잡을 수 있었다.

수십 가지의 모임에서 당신에게 참석을 요청하는 전화를 걸어온다. 하지만 그러한 모임에 모두 다 참석했다가는 당신의 저녁시간은 엉망이 되고 말 것이다. 당신의 사회적인 성공이 진행되면 될수록 당신에게 손을 뻗는 모임이 많아진다. 그것은 당연한 일이다. 혹여 이름 있는 모임에서 당신에게 전화를 걸어왔다고 해서 고마워할 필요도 없다. 자신만의 냉철한 판단으로 계획을 세우고 나가야 할 모임과 나갈 필요가 없는 모임을 구분할 줄 알아야 한다.

자기 전에 한 번, 출근시간에 한 번, 회사에 미리 도착해 업무가 시작되기 전에 한 번, 이렇게 자신의 일을 세 번 생각하다 보면 일이 틀어질 확률도 그만큼 줄어들 수밖에 없다.

균형적으로 장단기 계획을 세워라

孔子三計圖云_{공자삼계도운}　공자가 삼계도에 이르기를,

一生之計 在於幼_{일생지계 재어유}　일생의 계획은 젊은 시절에 달려 있고

一年之計 在於春_{일년지계 재어춘}　일년의 계획은 봄에 있으며

一日之計 在於寅_{일일지계 재어인}　하루의 계획은 아침에 달려 있다.

幼而不學 老無所知_{유이불학 노무소지}　젊어서 배우지 않으면 늙어서 아는

것이 없고

春若不耕 秋無所望_{춘약부경 추무소망}　봄에 밭을 갈지 않으면 가을에 바랄 것

이 없으며

寅若不起 日無所辦_{인약부기 일무소변}　새벽에 일어나지 않으면 그 날의 할

일이 없다.

명심보감 13. 입교편立敎篇에 있는 내용이다.

나는 계획이 없는 인생은 무의미 그 자체라고 생각한다. 나 뿐만
아니리 모든 사람이 계획을 세우는 일에 열중한다. 새해가 되면

'금연'. '금주', '운동' 등의 계획을 세우지만 곧 작심삼일이 되고
만다.

내가 아는 어떤 후배는 작심삼일의 괴로움을 덜기 위해 계획을
세우지 않는다고 한다. 이 후배는 지금 인생이 괴롭다.

나의 후배처럼 계획을 세우지 않는 것도 문제지만 무리한 계획
을 세우는 것도 문제다. 공자가 삼계도에서 말하고자 하는 것은 때
에 맞는, 상황에 맞는 계획을 세우라는 것이다. 목표에 맞게 계획
을 세워야 한다는 것이다.

목표를 설정할 때는 '장기 계획'과 '단기 계획'을 구분해야 자신
이 해야 할 일이 명확해진다. 장기 계획을 세울 때는 5년 정도 기간
을 두고 하며, 단기 계획은 1년 단위로 세우는 것이 좋다.

그리고 장단기 계획은 반드시 동시에 세워야 한다. 그래야만 두
계획을 비교하면서 자신의 행동을 고려함으로써 목표를 달성하는
데 소요되는 시간이나 과정, 자신의 현재 위치 등을 명확히 할 수
있다. 또한 장단기 계획을 동시에 세우면 필요에 따라 계획을 수정
하거나 액션 플랜을 변경하는 등으로 융통성 있게 대응할 수 있다.

장기 계획은 '45살 이전에 회사의 대표가 되자'처럼 비교적 원
대한 목표를 이루기 위한 구체적인 단계를 말한다. 45살에 대표가

되기 위해서는 지금부터 5년 혹은 7년 단위의 목표가 정해져야 한다.

매우 긴 시간이 소요되는 장기 계획을 실제로 성공시키려면 적어도 최종적인 도달 목표만큼은 명확히 한 다음 세부 계획을 세워야 한다.

한편 단기 계획은 1년 단위로 가능한 한 구체적으로 짜는 것이 좋다.

'45세 이전에 회사의 대표'가 되기 위해서는 해마다 달성해야 할 목표와 행동 계획을 구체화해야 한다. 예컨대 자신이 선택한 분야의 전문서를 독파하거나, 외국어 1급 자격증을 취득하는 등으로 세부적인 목표를 세우는 것이다. 단기 계획의 작은 성공을 계속해서 쌓아나가는 것은 성공을 위한 가장 빠른 지름길이다.

그리고 단기 계획을 세운 후에는 단계별로 착실하게 실행에 옮기고 계획대로 잘 실천했는지를 점검한다. 계획대로 달성한 경우에는 차기 연도의 계획을 세울 때 조금 더 난이도를 높여서 단기 계획을 세우자. 만일 계획 달성에 실패했다면 그 원인을 분석하고 다음 해에 연장해서 실천할 것인지 아니면 수정하거나 변경해서 재도전할 것인지를 결정한다. 또한 이때는 단기 계획을 점검하고 그 결과에 따라 장기 계획도 수정한다.

최종 목표를 함부로 변경하지 않는 대신 단기 계획은 되도록 구

체적이고 실현 가능하도록 항상 점검하고 조정하면서 실천하는 습
관이 필요하다.

　장단기 계획을 명확하게 세우면 계획이 무산되는 일을 크게 줄
일 수 있다.

chapter 2
내가 행복해지는 즐거운 인생 습관

진정한 행복의 의미를 알고 살자

행복은 단순한 것이다. 행복은 일상 속에 있다. 일상에서 떠나본 사람만이 행복의 가치를 안다. 무엇보다 우리는 매사에 즐겁게 생활해야 진정한 행복의 의미를 알게 된다. 생각을 조금만 바꿔도 인생이 즐거워진다. 즐겁고 행복한 생각을 하는 것만으로도 면역력을 높일 수 있다. 실제로 낙천적인 생각을 많이 할수록 동맥 관련 질환이 적다는 연구 결과도 있다. 결혼 생활을 온전하게 유지하는 사람들에게선 독감을 막는 항체가 많이 발견된다고 한다. 자기만의 취미를 갖거나 애완동물을 키우는 것도 건강에 도움이 된다. 애완동물을 키우는 사람들은 이들을 보면서 웃고 즐기는 시간이 많아 육체적으로나 정신적으로 건강해진다. 스트레스를 줄이는 것은 면역력을 높이는 데도 도움이 되고 삶에 활력도 준다. 야외에서 하는 스포츠를 취미 생활로 즐긴다면 햇볕이 주는 특혜까지 누릴 수 있다. 햇볕을 많이 쬐면 피부에 탄력이 생기고, 당뇨 예방에도 좋다. 물론 자외선 차단제는 필수다. 이런 여러 방법 중에서도 최고의 보약은 바로 웃음이다. 웃으면 면역 체계가 강화되고 진통효과를 얻을 뿐 아니라 체중 감소 효과도 있다.

건강하고 즐겁게 사는 것이 바로 행복한 삶이다. 이는 귀한 음식을 먹고 값비싼 물건을 소유한다고 해서 얻어지는 것이 아니라 순간순간을 즐길 수 있는 마음과 여유에 달려 있다.

내일을 기약할 수 없을 만큼 중병을 앓아 병원에 누워 있는 사람에게는 병원 밖의 일상으로 돌아가는 것이 유일한 소망이다. 평소엔 그저 별다른 생각 없이 장바구니를 들고 시장통을 거닐거나 좌판 위에 놓인 녹두전을 시켜놓고 편하게 먹었던 일상의 무심한 일들이 환자들에겐 가장 해보고 싶은 일생일대의 소원이다. 마포 고바우집에서 피어오르는 연기 때문에 눈물을 흘리며 나눈 술 한잔, 친구와의 대화, 어린 아이의 철없는 웃음, 국밥 한 그릇, 늦은 밤까지 앉아 있을 수 있다는 것……. 이런 것들 속에 행복은 있다.

불행은 타인이 생각하는 가치 있는 것의 기준으로 자기를 평가하게 되면서 찾아온다. 불행한 사람은 자신이 남보다 돈이 많지 않다고, 승진이 더 안 된다고, 큰 집이 없다고, 자녀가 더 좋은 대학에 다니지 못한다고 불평하면서 행복과는 먼 곳에 자신을 옭아맨다. 타인과 비교할 수 없는 자신만의 행복한 조건이 분명히 있는 사람도 어느 때부터인가 남과 비교해 자신을 초라하게 평가하면서 불행한 사람이 돼버리는 것이다.

행복하려거든 자기의 욕망에 솔직하고, 자신이 부여한 욕망의 잣대에 충실하자. 나의 '타오르는 욕망'은 무엇인가라는 질문은, 나의 '삶의 비전'은 무엇인가라는 질문과 같다. 이것은 '나의 삶을 아름답고 멋있는 것으로 만들어주는 것은 무엇인가?' 라는 질문으로 통한다.

출판사를 다니면서 종종 사표를 쓰는 일이 생기곤 했다. 그때마다 난 다른 직장을 알아보기 전에 미처 챙기지 못한 내 욕망에 충실하곤 했다. 무엇보다도 불규칙한 직장생활과 과도한 술문화에서 오는 과부하를 없애려고 노력했다. 체중을 좀 빼고, 몸의 균형을 다시 잡아보고 싶었다. 마치 삶을 전혀 다른 각도에서 잡아보듯이, 내 일상의 한 습관을 달리 바꾸어 보고 싶었다. 오십을 넘기면서 나만이 느끼는 자율신경계의 미세한 징조들, 가령 밤중에 느닷없이 잠에서 깨어 불면에 시달린다거나, 갑자기 친구 이름이 생각나지 않는 등의 불길한 나이 듦의 징조들을 없애고 싶었다.

그 후로 철저히 나를 위해 시간을 할애하기로 했다. 나를 위해서 '지금 시간을 낸다는 것'은 자신의 시간을 중요한 일에 쓸 수 있다는 것을 의미한다. 나를 위해 시간을 쓰지 못하면 그 시간은 내 소유가 아니다. 행복해지기 위해선 자신의 삶을 위해 시간을 낼 수 있어야 한다. 그런데도 우리는 사회생활을 하면서 도처에서 여러 겹의 사슬로 묶여 있다는 것을 실감할 때가 많다. 그럼에도 불구하고 지금 나만의 중요한 일을 위해 시간을 내야 한다. 늘 바빠야 하는 강박감에서 벗어나 게으를 수 있는 권리가 있다는 것을 상기해야 한다.

내 절친은 미국계 중국 회사에서 직원 교육을 담당하고 있다. 친구는 회사 다니면서 지금까지 한 번도 거르지 않고 해온 '자기만의 시간'이 있다고 했다. 친구는 결혼을 하면서 아내에게 일주일 중 엿새는 남편과 아버지로서 가족들에게 헌신하겠으니, 하루는 온전히 자기만을 위해 쓸 수 있도록 해달라고 부탁을 했다고 한다. 그리고 그 약속은 지금도 지켜져 친구는 일주일 중 아무 때나 하루를 잡아 혼자 여행을 가거나 하루 종일 책만 읽는 시간을 갖는다고 한다. 남들이 보면 '뭐 저런 사람이 다 있나' 싶게 하루 종일 거리에서 바람만 쐬고 온다거나 헌책방에 들러 읽고 싶은 책을 마음껏 고르다 온다고 한다.

　친구에게 그 시간은 세상 그 무엇과도 바꿀 수 없는 자신만의 소중한 시간이었다. 그 시간들을 보내면서 친구는 때로는 자신이 지금 너무 많이 앞으로만 달려왔다고 자각하곤 했고, 일상의 무게에 힘이 들 때는 스스로를 위로해주는 커다란 생활의 기폭제가 되어주었다. 가끔은 아내와 너무 무료하게 지내왔다고 반성하게도 됐고, 소원하게 지내던 아들녀석과 아무런 부담 없이 여행을 떠날 수 있는 시간이 돼 주기도 했다. 친구가 일상생활에서 어떤 새로운 결심을 하고 그 일을 실천하는 것은 모두 자기만을 위한 이 하루의 시간에 결정된 것이라고 한다. 자기는 매우 행복하며, 아내도 가정이 언제나 새로울 수 있는 좋은 계기를 주는 시간이라고 기뻐한다고 한다.

　나는 이런 시간이 모든 사람에게 필요하다고 믿고 있다. 언덕에
이르러 길가에 서 있는 나무에 기대 앉아, 잠시 지나온 길을 돌아
보며 숨을 고를 수 있는 이 짧은 시간들이 먼 길을 가고 있는 누구
에게나 필요한 휴식이라고 믿고 있다.

　미래로부터 현재로 흘러온 시간 속에 묻혀 있는 미래의 '기억'
을 더듬어, 지금 살아 숨 쉬는 일상의 시간을 다시 한 번 아름다운
것으로 만들어낼　힘과 충동 없이, 어떻게 우리가 행복해질 수 있
겠는가.

　살아간다는 것은 무엇을 얻으려는 것이 아니라, 스스로를 완성
해가는 것이다. 내 삶의 순간순간이야말로 자신이 조금씩 변해가
기 위해 쓸 수 있는, 살아 숨 쉬는 시간이다. 우리의 삶이 무엇을
얻으려는 것일 때, 모든 순간들은 그것을 얻는 순간을 위해 기립해
서 박수를 쳐야 한다. 다른 모든 시간들은 어려움을 감내해야 하는
시간들이고, 참아야 하는 시간들이며, 극복해야 할 어려움으로 가
득 찬 시간들이다.

행복이란 추상적 개념이 아니다. 그것은 행복한 시간들의 합이다. 만일 우리가 일상 속에서 행복을 찾을 수 없다면, 우리는 대체로 불행한 사람들이라고 믿어도 된다. 일상 속에서의 특별한 행복은 창의력과 상상력과 좋은 의도를 필요로 한다.

걷는 습관을 들여라

인구에 회자되는 위대한 사상가들은 잠깐의 시간이 허락될 때마다 걷고 또 걸으면서 생각하는 시간을 많이 가졌다. 우리가 잘 아는 괴테나 아우렐리우스, 소크라테스 같은 철학자들은 대표적으로 '걸으면서 생각하는 사람들'이라고 할 수 있다. 소크라테스는 당시 일군의 철학자들과 함께 '소요학파' 철학자라는 별칭을 얻기도 했다.

걷기는 보기에 따라서는 아무 것도 아닌 지극히 일상적인 행위에 불과할지는 몰라도 여기에 자신만의 의미를 붙일 경우 결코 가볍게 보아 넘길 수 없는 훌륭한 휴식 습관이 될 수 있다. 우리가 아무런 생각 없이 무조건 걷는 동안에도 우리 몸에서는 믿기 어려울 정도로 놀라운 신진대사가 활발하게 이루어진다. 그저 아무 생각 없이 하염없이 걷다 보면 예기치 않았던 때에 놀라운 창조적 발상이 떠오르기도 한다. 하지만 그런 놀라운 경험을 기대하지 않더라도 그저 발길 닿는 대로 하루에 30분 정도만 여기저기를 쏘다녀 보라. 신기하게도 자기만의 여유와 재미 속에 푹 빠져드는 자신을 발견할 수 있을 것이다.

지금 이 순간, 세상의 기준은 나를 중심으로 흘러간다. 그래서 나만의 스토리, 나만의 역량, 나만의 관계, 나만의 사람을 나만의 기준으로 세워야 지금 인정받는 실력자가 될 수 있는 것이다. 그 나만의 스토리와 기준의 시작은 바로 하루 한 번 걷기에서 출발한다.

요즘 뜨는 인문학도, 통섭의 학문도, 앞서 가는 트랜드도 다 개인과 개인이 자신만의 방식으로 융합하고 조화 맺고 의미 부여한 철저히 개성적인 자기만의 작은 우주이다. 우리 시대를 앞서갔던 스티브 잡스, 싸이, 오바마 대통령, 메르켈 독일 총리도 다 자기만의 방식으로 IT를 일궜고, 대중음악을 만들었으며, 선진 정치를 일궈 나갔다. 거기엔 철저한 자기만의 성찰과 자신의 내면을 들여다보는 범접할 수 없는 영혼의 이데아가 존재했다. 그 사유의 시작을 나만의 세계를 일군 사람들은 하나같이 걷기로부터 시작했다.

오늘 이 순간, 우리는 모두가 다 나만의 세계를 만들 수 있다. 그리 어려운 게 아니다. 다만 스스로 마음을 다지고 자기만의 내면의 순간을 만나러 가자. 즉, 남의 방식을 엿보지 말고, 남과 자신을 비교하지 말고, 철저히 자신을 사랑하는 마음으로 일상의 영적인 순간을 만나러 가는 것이다.

나는 하루의 시작은 산책으로 가볍게 머리를 비우며 출발한다. 가급적 러시아워시간은 피해 조금 일찍, 또는 약간 늦게 나만의 산책로를 걸으며 사무실까지 흥얼거리며 걸어간다. 귀에는 이어폰을 꽂고 감미롭고 애수어린, 조금은 슬픈 발라드를 들으며 지나치는 모든 것들을 천천히 바라본다. 그러면 나도 모르게 몸 저 깊은 곳에서부터 아름답고 느꺼운 하루의 모습이 감성적으로 다가온다. 때로는 노랗게 물든 가로수 은행잎도 보고, 낯선 거리에 나선 강아지의 겁에 질린 표정에 슬며시 미소 지으면서 내면의 아름다운 세계와 마주하며 하루를 시작한다.

작은 습관을 바꾸는 것만으로도 충분히 큰 효과를 얻을 수 있다. 규칙적으로 걷는 것만으로도 건강에 큰 도움이 된다. 걷기는 생활 속에서 얼마든지 할 수 있는 운동으로 한두 정거장 먼저 내려서 걷거나 가까운 거리를 걸어 다니는 것만으로도 충분하다. 걷기는 심장병과 심장 질환의 위험을 낮추고, 관절염 예방에 좋으며 불안과 근심을 줄여주는 호르몬을 생산한다.

걷다 보면 생각은 담백해지고, 삶은 단순해진다. 사소한 것에 감격하고, 더운물 샤워에 세상을 가진 듯 행복해하고, 얼음물 한 잔에 망극해한다. 아무 생각 없이, 걷는 일에만 몰두하고, 걸으면서 만나는 것들에게 마음을 열고, 그러다 보면 어느새 길의 끝에 와 있는 것이다.

나만의 놀이터를 만들어 놀자

한 분야에서 최고에 도달한 인물들은 한결같이 나름의 노는 법을 갖고 있다. 골프황제 타이거 우즈와 잭 니클라우스는 낚시광이며, 필 미켈슨은 시간이 날 때마다 개인비행기를 조종하는 파일럿으로 변신한다. 이렇듯 성공한 이들에게는 맘껏 즐길 수 있는 자신만의 놀이터가 있다. 결국 자신에게 주어진 여가시간 동안 잘 놀아야 일의 능률이 생기고 자신의 일에 성공할 수 있다는 결론을 얻게 된다. 그렇다면 과연 잘 논다는 것은 무엇일까?

　일 중독자와 정말 일 잘하는 사람은 다르다. 일 중독자는 자신이 일주일에 70시간을 일한다고 생각한다. 그러나 일주일에 70시간을 일한다고 생각하는 일 중독자는 실제 일하는 시간은 30시간에 지나지 않는다고 한다. 나머지 40시간은 일하기는커녕, 일에 대해 걱정하면서 보낼 뿐이라고 한다. 한 심리학자가 사람들의 걱정거리를 모아서 분류해 보니 우리가 걱정하는 것들의 40%는 결코 일어나지 않을 일이고, 30%는 이미 일어난 일들에 관한 것들이라는 것이다. 또 22%는 아주 사소한 일들에 관한 걱정이며 4%는 우리가 전혀 손 쓸 수 없는 일들에 관한 것이라는 것이다. 걱정해 봐야 자신만 손해보는 일이라는 것이다. 결국 단 4%만이 우리가 정말로 걱정해야 하는 일이다. 우리는 나머지 90% 걱정거리 때문에 이 4%의 일들을 그냥 지나치는 경우가 많다. 이렇듯 쓸데없는 걱정에 빠져 있는 대신에 자신만의 삶의 재미를 찾는다면 그것이 오히려 삶의 질을 높이는 결과를 얻을 수 있다. 그러나 많은 이들이 무엇을 하며 놀아야 할지를 잘 모르는 것이 사실이다. 나만의 놀이터를 찾는 것. 이는 의외로 쉬운 일일 수 있다.

　일단 재미있어 하는 것이 분명해야 한다. 재미있어 하는 것이 무엇이냐고 물으면 대부분은 멍해진다. 그러나 그 내용이 모두들 비슷하다. 그러나 정말로 좋아하는 것은 보다 구체적이어야 한다. 여행을 가더라도 어떤 방식의 여행인가가 분명해야 한다. 영화를 보더라도 어떤 종류의 영화가 좋은가가 분명해야 한다. 자기가 좋아하는 것이 분명하지 않기에 사는 재미가 없고 사는 재미가 없기에 행복하지 않다.

아무리 사소한 것이라도 자기가 진정으로 좋아하는 것을 찾기 위해서는 무엇보다도 재미에 대한 환상을 버려야 한다. 대부분의 사람들이 재미는 엄청나고 세상이 뒤집어지는 것과 같은 환희를 느껴야 한다는 환상을 가지고 있다. 이 환상을 버려야 사소한 재미가 눈에 들어온다.

마지막으로 달력은 일요일부터 시작한다는 사실을 명심하라. 쉬는 것부터 분명히 하라는 뜻이다. 노는 것부터 계획하는 사람은 행복하다. 이들은 일하는 것도 행복할 것이다. 한 해가 시작되면 휴가 갈 계획부터 세우도록 하자. 또 한 달이 시작되면 놀러 갈 곳부터 물색해야 한다. '바쁘게 살다 보면 언젠가는 행복해지겠지' 하는 생각은 틀린 생각이다. 이런 사람들에게 행복한 시간은 절대 오지 않는다. 그저 죽을 때까지 바쁠 뿐이다.

더 늦기 전에 우리는 스스로 재미와 행복을 느낄 수 있는 각자의 놀이감을 찾아야 한다. 삶의 재미를 무작정 기다리는 일도 누군가 행복하게 해주기 바라는 일도 어리석은 일이다. 행복과 재미는 그렇게 기다려서 얻어지는 어마어마한 어떤 것이 아니다. 이는 일상에서 얻어지는 아주 사소한 것들이다. 지금 행복하지 않은 사람은 나중에도 절대 행복하지 않다. 지금 행복한 사람이 나중에도 행복한 법이다. 성공해서 나중에 행복해지는 것이 절대 아니다. 지금 행복한 사람이 나중에 성공한다.

어른들의 놀이터는 메뉴판에 존재하지 않는다. 거래를 통해 생성되는 공간이 아니다. 자신의 성향에 맞는 곳으로, 직접 나서서 꾸미거나 찾아야 한다. 물론 마음만 먹는다면 그리 어려운 일은 아니다. 당신의 가장 가까운 곳에 놀이터를 만들어보라.

이전까지 베란다는 화분을 두거나 세탁물을 건조하는 곳으로 사용해왔다. 최근에는 거실 및 사적 공간으로 확장해 사용하고자 하는 추세로, 실내 즉 생활공간으로 활용하는 경향이 두드러지고 있다. 실내정원으로 꾸며 놓은 베란다는 굳이 외부로 나가지 않고도 집안에서 자연을 벗삼아 휴식을 취할 수 있다는 점에서 매력적이다. 베란다를 이용한 실내정원 만들기에서 가장 중요한 것은 식물의 선택과 배치, 실내에서 키우기에 적당한 식물을 선택하고 키와 모양을 고려하여 리듬감 있게 배치하여야 한다. 식물간의 궁합도 중요하다.

쾌적한 휴식을 원한다면 나만의 욕실 만들기도 좋다. 이제 욕실은 일상생활에서 벗어나 소모된 삶의 에너지를 재충전하고, 쌓인 스트레스를 풀며 잠깐의 행복감과 안락감을 얻을 수 있는 공간으로 진화하고 있다. 가정에 월풀 욕조를 설치하거나 미니 스파 공간을 만드는 것도 방법. 월풀 욕조의 매력은 인체공학적인 설계로 편안한 자세로 목욕을 할 수 있고, 기포 마사지를 받을 수 있으며, 에어풀 기능으로 거품 목욕까지 즐길 수 있다는 것. 또 아로마 오일이나 천연 소재의 입욕 제품을 넣으면 스파 케어를 받는 효과도 누릴 수 있어 더욱 효과적이다.

한정된 시간에 돈을 쓰는 금전적 소비가 여가의 주를 이룬 예전에 비해 요즘에는 여러 곳을 순회하는 대신 한 장소에 머물며 충분히 즐기는 시간 소비형 여가가 주를 이루고 있다. 즉 '무작정 밖으로 나들이하는' 일차적 단계를 지나 '나 홀로 즐기는 취미 생활 단계'에 와 있다는 말. 가족과 함께 대화가 가득한 브런치를 즐긴 뒤 공원을 산책하고, 감성적·문화적 충족을 위해 새로운 것들을 배우는 이들이 늘어나고 있으며, 보디 케어숍에서 여유로운 하루를 보내는 등 '나 자신만을 위한 시간'에 투자하는 이들도 늘고 있다. 가족간의 소통, 구속받지 않는 게으름, 멀리 떠나지 않고도 알차기만 한 엔조잉 라이프. 거기엔 도심 속의 놀이터가 함께한다.

'브런치'는 18세기 영국의 귀족 부인들이 휴일 느지막이 일어나 침실에서 하녀가 대령한 음식을 먹는 데에서 유래했다고 전해진다. 우리나라에도 주5일 근무가 확대 시행되면서 주말에는 브런치를 통해 가족간의 여유를 만끽하려는 가정이 늘고 있다. 달콤한 휴일의 낮잠을 즐긴 후 아침과 점심을 겸해 먹는 브런치는 바쁜 일상에 지친 개인뿐 아니라 가사에 지친 주부나 타이트한 생활의 가족 모두에게 느긋한 행복감을 주기 때문. 많은 사람으로 붐비는 저녁 시간을 피해 가족이나 친구끼리 오붓하게 외식을 즐길 수 있어 앞으로 더욱 각광받을 전망이다.

복합문화 공간에서의 하루. 여유로운 바람이 부는 도심 속, 테라스가 멋진 레스토랑이나 카페에 가면 단지 음식만 제공받는 게 아니다. 큰 파라솔이 있고, 정원이 예쁜 그곳에서는 분명 새로운 활력을 얻을 수 있다. 여기에 다양한 전시나 이벤트를 통한 문화행사까지 겸비하고 있다면 더할 나위 없다. 카페와 레스토랑은 이제 더 이상 음식을 먹고 마시는 장소가 아니라 휴일의 문화충전소로 변신한다. 부부 혹은 가족과 함께 둘러보는 복합문화공간. 이곳에서 우리는 보다 지적인 놀이를 경험할 수 있다.

주말을 나만의 놀이로 즐기자

사고의 중심축이 일에서 놀이로 옮겨가고 있다. 그렇다면 금요일 저녁부터 일요일까지 이어지는 황금의 주말 시간 속에서 어떻게 놀아 볼 것인가.

일주일 중 무려 2와 1/2일이다. 백분율로 나타내면 일주일의 35.7%. 주5일 근무제로 찾아온 이 시간들은 '노동을 위한 여가'에서 '여가를 위한 노동'으로의 전환을 몰고 왔다. 주말은 더 이상 일을 위한 휴식으로서 주중에 종속된 시간이 아니라, 놀이라는 새로운 삶의 양식을 위한 시간이기 때문이다.

2와 1/2의 여가시간은 일을 위한 4와 1/2과는 전혀 별개인 '다른 삶'을 우리에게 제공할지도 모른다. 따라서 반복적인 업무와 경직된 일상에 사로잡힌 사람일수록 스스로 '주중'과 '주말'을 철저히 분리함으로써 주말이면 '사람이 180도 달라진다'는 이야기를 들을 정도의 이중생활이 가능하도록 하는 노력이 필요하다.

그렇다면, 주말시간을 어떻게 디자인해야 할까? 먼저 지금껏 보내온 주말과의 결별이 필요하다. 굳이 이름을 붙인다면 주말 혁명이다. 주말 혁명의 본질은 놀이가 중심이 되는 전혀 다른 삶에 뛰어드는 것. 놀이를 위해 시간과 돈과 노력을 투자하는 삶이다. 삶에서 놀이가 중심이 되면 무엇이 달라질까?

우선 놀이라는 낯설고 새로운 체험을 통해 기존의 낡은 습관과 고정관념을 깨뜨리고 긍정적인 발상의 전환을 꾀할 수 있다. 생각이 바뀌면 바라보는 세계도 자연스레 바뀌기 때문이다. 또한 놀이를 통해 새로운 사람들을 만날 수 있다.

새로운 사람과의 만남이란 새로운 가능성, 새로운 비즈니스, 새로운 아이디어와의 만남이기도 하다. 즉 새로운 성공의 가능성과 만나는 것이다. 놀이에 열중한다는 것은 새로운 직업의 가능성에 투자하는 것이기도 하다. 단언컨대, 향후 떠오르는 직업의 70% 이상은 놀이와 관련된 것이다. 가족 중심의 균형 잡힌 삶과 성공 또한 놀이를 통해 이루어질 수 있다. 놀이가 성공으로 통하는 지름길이 되는 세상, 아니 차라리 놀지 못하면 실패한 인생이 되는 세상이 왔기 때문이다.

이제 새롭게 주어진 주말의 합인 '104일'을 리메이킹해 보자. 주말 리메이킹에는 다음의 네 가지 방식이 있다.

첫째, 거꾸로형. 지금까지는 '오른손' 중심의 주말, 즉 '일을 위한 주말'을 보냈다. 따라서 이제는 '왼손잡이' 즉 스스로를 위한 주말을 보내야 한다는 이야기다. 어떻게 하면 주말에 왼손잡이로 살아갈 수 있을까? 주말에는 '거꾸로 살아 보기'를 적극 권하고 싶다. 거꾸로 살아 보기의 첫걸음은 주변에서 나와 정반대의 캐릭터를 가진 살아 있는 모델을 찾는 것이다. 그런 다음 그를 따라 하거나 그와 어울려 보는 것이다. 그러면 그동안 놓치고 살았던 삶의 다른 재미를 느낄 수 있을 것이다.

둘째, 가족형. 이들은 패밀리를 0순위에 올려놓는다. 즉 주말 리메이킹 0순위를 가족과 함께하는 일에 두고 있다. 가정이란 엄마와 아빠가 사랑해요를 하는 곳이다. 성공은 한 이불 속에서 나온다. 이를 위해 일+가+자 운동을 실천할 필요가 있다. 일+가+자 운동이란 누구에게나 주어진 1주일을 효과적으로 분배해 활용하자는 의미다. '행복인생분할법'이다. 자신이 하는 일에 나흘(4), 가정에 이틀(2), 자신에게 하루(1)를 투자하라는 것이 바로 그것이다.

셋째, 수집형. 세상에서 가장 오래된 취미 중 하나는 '수집'이다. 아직 새롭게 주어진 주말 시간 사이를 헤매고 있다면 '수집'을 실천해 보라. 물론 수집에는 원칙이 하나 있다. "정말 별것 다 모은다"는 소리를 들을 정도로 닥치는 대로 모을 것. 이런 말이 있다. "하얀 도화지 위에 그림을 그리면 내 그림이요, 황무지에 말뚝을 박으면 내 땅이다." 무엇이든 마음에 쏙 드는 것이 있으면 수집으로 옮겨 보자. 수집으로 인한 몰입의 즐거움은 시간이 흐른 후에 훌륭한 개인 재산으로 돌아올 것이다.

넷째, 지식 캠프형. 그리 거창한 것이 아니라 한달에 한번 정도 가족과 함께 인근에 있는 공공도서관에 가는 습관을 들이는 것이다. 그곳에서 반나절 정도 '지식 캠프'를 친다. 이 캠프의 장점은 일단 경비가 전혀 들지 않는다는 점이다. 그리고 가족이 한 곳에서 마주보고 이야기할 수 있어 좋다. 게다가 덤으로 책을 가까이 할 수 있다. 행복한 가족 습관 만들기란 가장을 중심으로 뭔가 의미 있는 것을 지속적으로 해나가는 것이 중요하다.

'오늘도 어제처럼 살겠는가?' 무심코 보냈던 주말을 리메이킹하려면 주말은 일과 완전히 단절해야 한다. 그리고 그 시간을 온전히 스스로를 위해 써야 한다. 그야말로 세상은 넓고 할 일은 많다. 주말에는 당신의 잃어버린 반쪽을 찾아 나서야 한다. '주중'과 '주말'을 철저히 분리해야 한다. 주말에 잘 노는 사람이 일도 잘한다. "인생은 선택의 결과다"라는 말이 있다. 인생을 의미하는 'Life'를 자세히 보면 재미있는 사실을 발견하게 된다. 'if'라는 단어가 그 것이다. 이는 인생이란 언제나 '상수'가 아니라 '변수'로 인해 결정된다는 것이다. 어떤 정해진 공식이나 궤도가 아니라 주어진 환경에 대한 가정과 선택의 기로에서 어떻게 대응하느냐에 따라 인생이 결정된다는 의미이다. 당신의 주말도 당신의 결단에 달려 있다. 주말은 당신의 성장 엔진을 만들어가는 시간이다. 그 누구에게도 당신의 주말을 뺏기지 마라. 주말을 어떻게 보내느냐에 따라 당신의 경쟁력이 달라질 수 있다.

열심히 일한 당신, 쉬어라

봄, 여름, 가을, 겨울 그리고 봄…. 똑 부러지게 넷으로 나눌 수 없는 계절의 흐름은, 언뜻 끊임없이 순환하는 듯 보인다. 하지만 그 속에는 엄연히 쉼이라는 시간이 존재한다.

쉼은 단순한 멈춤이 아니라 지친 삶을 보듬는 따뜻한 위안의 시간이다. 쉼을 통해 우리는 또다른 시작을 위한 호흡을 가다듬고 더 멀리 나아갈 수 있다. 'rest쉼'와 다시 시작하다는 뜻의 'restart'가 서로 닮은 까닭도 여기에 있다.

흘러가는 계절의 편안한 고요를 내면 깊이 느껴보라. 자연과 함께 비우고 쉬어 보라. 마음을 쉰다는 것은, 꼭 어딘가 멀리 떠나지 않아도 지금 여기에서 가능한 일이다. 바쁘게 걷던 걸음을 잠시 멈추고 하늘을 한번 올려다보는 것만으로도 충분한 것이 쉼이다.

나는 하루의 시작을 희뿌연 새벽안개가 채 걷히지 않은 숲길을 걷는 것으로 시작한다. 하늘 높이 솟은 전나무 사이로 스며드는 풋풋한 아침공기가 상쾌함을 더해준다. 숲에는 평소 느끼지 못했던 야생의 비릿한 살내음이 있다. 발길에 스치는 이름모를 들꽃들과 찬이슬을 듬뿍 머금은 잔나뭇가지의 촉촉한 물기, 설핏 놀라 쪼르

르르 달음질치는 청솔모의 뒷모습이 여간 즐겁지가 않다. 자연은 세파에 길들여진 당신의 마음을 활짝 열어줄 더없이 맑고 깨끗한 마음의 쉼터를 제공하고 있다.

자연 속에 있을 때 우리는 불현듯 자기 자신을 돌아보게 된다. 일상 속의 소소한 행복마저도 맛보지 못한 채 너무 앞만 보고 달려 온 것은 아닌지, 너무 빠르게 지나쳐버린 것은 아닌지…. 문득 자기 자신으로부터 지나치게 멀어졌을 때 느끼는 세상살이의 고단함과 지겨움, 바쁘다는 핑계로 애써 잊고 지나쳐 온 사람들과의 서먹함이 우리의 마음을 한없이 가난하고 초라하게 만든다.

이제 우리는 '일'과 '휴식'의 개념을 다시 생각해보아야 한다. 주5일 근무제 도입과 함께 우리 시대의 새로운 문화 아이콘으로 떠오르고 있는 휴식과 레저문화에 대해 그 의미를 재정립해야 할 때가 왔다. 한때 우리 사회에서 '휴식'이라는 것은 해도 그만 안 해도 그만인 삶의 부수적인 것, 일을 위해서는 언제든 포기할 수 있는 2차적인 가치로 여겨왔다. '휴식'에 대한 이러한 그릇된 가치관은 사람들을 오로지 일에만 몰두하게 만들었고, 성장지상주의와 속도만능주의의 세태를 빚고 말았다.

일과 휴식은 동전의 양면과 같다. 휴식은 더 나은 삶, 보다 활기찬 내일을 위한 충전의 시간이자 자신의 내면에 맞닿는 만남의 시간이다. 그러한 휴식의 시간을 어떻게 만들어가야 할까? 우선 휴식은 자연과 함께 호흡할 수 있는 것이어야 한다. 우리 주변에 산재해 있는 동네 뒷산과 오솔길, 가까운 근교 들판, 집 앞 공원 등 되도록 흙을 가까이서 체험할 수 있는 쉼터를 자주 찾는 것이 좋다. 그 싱그러운 발걸음이 가족과 함께라면 더욱 좋다. 휴식은 근본적으로 자신의 정체성을 밝히는 따듯하고 원시적인 태도이다. 외롭고 지친 현대인들에게 휴식이 가장 포근하고 가깝게 다가설 수 있는 것은 바로 내 삶의 근원이 되는 가족이 있기에 가능한 것이다.

휴식에는 절대적인 공식이 없다. 자신만의 휴식을 즐기면 된다. 공공연하게 소개되는 특이한 휴식법보다는 자기가 가장 좋아하는 휴식법을 찾아야 한다. 클래식이 좋아 하루 종일 방에 콕 틀어박혀 몇 시간이고 음악에 흠뻑 젖어들었다면 그것보다 더 좋은 휴식이 어디 있겠는가? 운동이든, 온천욕이든 아니면 미술품 감상이든 간에 자기가 가장 좋아하는 것을 즐길 때, 그 휴식은 진정한 의미에서의 쉼과 즐거움을 가져다 줄 수 있을 것이다.

결국 휴식은 경직되어 있는 내 몸과 마음을 자연으로 되돌려놓는 일이며 주위의 모든 것들과 조화를 이루는 것이다. 더불어 자기 안에 있는 생명의 자연스러운 리듬, 그 호흡을 되찾는 길이다.

스트레스를 줄이는 생활을 하자

흔히 스트레스는 만병의 근원이라고 한다. 합격, 취업, 성공, 건강, 출세 등을 이루기 위해 현대인들은 수많은 스트레스 속에 살아간다. 복잡하고 바쁘게 살아가는 사람들에게 필요한 건 쌓인 스트레스를 푸는 일. 평소에 어떻게 하면 스트레스를 풀 수 있는지, 스트레스를 줄일 수 있는지 가르쳐 주는 곳은 불행히도 없다.

스트레스가 쌓이면 자연히 몸 안에 나쁜 기운(독)이 쌓이고, 나쁜 기운은 몸에 나쁜 영향을 미친다. 서구의 자연주의학자들은 이러한 스트레스와 함께 중금속, 환경호르몬, 미세먼지, 약품, 식품 첨가물 등 몸에 해로운 물질을 몸 밖으로 배출해 건강을 찾자는 '디톡스detox' 건강법을 주장하기도 한다.

주말이 되어도 마땅히 스트레스를 풀 만한 곳이 없다고 하소연

하는 사람이 많다. 그나마 주말을 알차게 보내기 위해 취미생활을 갖거나 여행을 즐긴다고 해도 여가활동으로 인해 또다시 몸이 피곤하기만 하다. 평소 스트레스를 줄이고 몸 안에 쌓인 독을 뺄 수 있는 방법은 없을까. 자연적으로 몸과 마음을 치유할 수 있는 방법을 알아보자.

독백을 즐겨라

'월요병'이라 불리는 증후군이 있을 만큼 월요일은 대부분의 사람들이 부담스러워한다. 일상생활로 돌아가기 위해 주말 동안 이완되었던 몸과 마음을 다시 긴장시켜야 하기 때문이다.

긴장도가 높은 월요일에는 스스로에게 말을 걸어라. 대개 일과 성공을 위해서는 투자를 아끼지 않지만 자신의 몸에는 관심을 갖지 않는다. 내 몸에 관심을 가져라. 거울을 보면서 눈이 충혈되었는지, 배가 나왔는지, 다리가 부었는지 체크하라.

나에 대한 관심은 나의 건강에 대한 관심으로 이어진다. TV 시청 시간을 줄이고, 컴퓨터하는 시간을 줄이고, 상대와 수다떠는 시간을 줄여보라. 오로지 혼자만의 시간을 가져보라. 머리에서 목, 어깨, 팔, 가슴, 배, 허벅지, 발끝으로 관심을 옮겨가라. 이렇게 5

분만 자신의 몸에 관심을 돌려도 컨디션이 좋아진다.

족욕을 즐겨라

가벼운 스트레칭 후 샤워를 하거나 잠들기 전에 족욕을 하는 것도 피로를 푸는데 도움이 된다. 우리 몸은 대개 심장을 중심으로 상체는 37도 전후이고 발은 31도 이하이다. 상체는 따뜻하고 하체가 차가울 경우 동맥과 정맥의 혈류이상으로 산소나 영양물질 및 면역물질의 공급이 나빠진다. 탄산가스나 여러 가지 노폐물 배설에 장애가 된다. 따라서 머리나 상체를 차게 하고 발이나 하체를 따뜻하게 해야 한다. 발을 따뜻하게 해주면 두통, 어깨 결림, 불면증에 좋고 배설작용에 도움이 된다.

약간 뜨거울 정도의 물(43~44도)에 두 발을 10~15분 정도 담근다. 물의 높이는 복사뼈나 종아리까지 맞추는 두 가지 방법이 있다. 족욕은 혈액순환을 좋게 하여 피로를 풀어준다. 발을 담그고 복잡한 생각을 하는 것은 건강에 도움이 되지 않는다. 되도록 단순한 생각을 하라. 행복한 순간을 떠올려보라. 저절로 기분이 좋아진다.

웃음으로 스트레스를 날려라

직장인이라면 격무에 시달리면서 몸이 피곤하고 지치기 마련이다. 그럴때면 웃음으로 피로와 스트레스를 날려버리자. 웃음은 뇌운동 중에서 가장 좋은 운동이다. 웃으면 스트레스 호르몬의 분비량이 줄어들고, 심장박동수가 빨라져 혈액순환이 좋아진다. 3~4분의 웃음만으로 맥박이 배로 증가하고, 혈액에 더 많은 산소가 공급된다. 뿐만 아니라 혈액과 위장, 어깨 주위의 상체근육이 운동을 한 것과 같은 효과를 얻는다. 많이 웃으면 얼굴과 골격이 바뀐다. 자신의 얼굴에 책임을 져라.

감정은 에너지다. 기쁨과 웃음을 중심으로 긍정적인 감정은 뇌에 기운을 북돋고, 뇌기능을 활성화시킨다. 웃기지 않아도 웃어라. 웃을 일이 없더라도 웃어라. 그냥 웃기만 해도 즐거움이 배어나온다.

느림의 여유를 찾자

독일 사람들은 인터넷이 연결되는 동안 주방에서 차를 마시고,

인터넷이 연결되면 그때부터 작업을 시작한다고 한다. 그러나 우리는 오늘도 좀 더 빠른 인터넷을 하기에 여념이 없다. 언젠가부터 외국인들 사이에서 '빨리빨리'로 대변되는 한국. 아침부터 저녁까지 숨이 턱까지 찰만큼 숨가쁜 하루하루를 지내면서 기다림과 느림의 여유를 잃어버린 듯하다.

이제는 한 박자만 더 천천히 걸어보자. 길 옆에 핀 조그마한 꽃, 청명하게 드높은 하늘, 부드러운 바람의 손길… 지금까지는 보이지 않았던 것들의 소중함을 느낄 수 있을 것이다.

나는 직장을 그만두고부터 자유기획자의 삶을 살게 되면서 내 나름대로 정한 '삶의 태도'에 관한 작은 실천을 하기 위해 생활의 변화를 시도하고 있다. 내가 결정한 삶의 태도는 출판편집 작업을 할 때는 최선을 다해 일의 완성도를 높이는데 힘쓰고, 나머지 시간은 되도록 약속을 잡지 않고 자신을 속박하지 않도록 최소한의 일정만을 잡아놓고 생활한다. 일 이외의 나머지 시간은 되도록 나 자신의 감성지수 향상을 위해 할애한다. 집 근처 화초밭에 가서 재배할 화분을 마음껏 고른다거나, 좋아하는 재즈 CD를 사기 위해 황학동이며 홍대 부근을 발품을 팔아가며 이 잡듯이 뒤지고 다니는 생활을 즐긴다. 한마디로 '가볍고 느린 삶'을 즐기며 나 자신의 느낌에 충실한 생활을 하고 있다.

현대인들은 언제부터인가 속도의 광기에 휩싸여 자신만의 삶을 잃어가며 살아가고 있다. 광속의 속도를 지닌 인터넷이 전 세계를 초단위로 누비는 지구촌 정보화 시대를 살면서 동시에 전국을 반나절 생활권으로 묶는 고속철까지 가세해 그야말로 어지러울 정도로 속도의 광풍에 휩싸이고 있다. 빠르고 편한 것이 모든 가치의 우선이 되고 있다 보니 우리는 차츰 소중한 것들을 잃어가고 있다. 지나친 빠름의 숭배는 우리가 지나쳐선 안 될 '근본에 대한 외면'을 가져온다. 이러한 성장 제일주의 신화는 우리의 생태계를 심각할 정도로 훼손시켰고, 인간됨의 상실과 원칙에 대한 무시, 분배와 평등의 원칙을 무시하는 살벌하고 삭막한 21세기를 우리에게 남겨주고 말았다.

속도를 줄이면 속도를 낼 때는 미처 보지 못했던 소중한 것들을 볼 수 있다. 속도를 줄이고 천천히 지나가면서 보게 되는 집, 길, 사람들은 그렇게 다른 느낌으로 다가올 수가 없다. 미친 듯이 속도를 낼 때마다 느끼던 조마조마한 마음도 속도를 줄이면 느긋하고 편안한 마음으로 바뀌게 된다.

우리는 인생을 살아가면서 군데군데 삶의 갈림길이 너무도 많이 등장해 선택을 강요하곤 한다. 이때 가장 중요한 삶의 태도는 결국 '나를, 세상을 어떻게 이해하는가?'에 달려 있다. 이때 자신만의 철학을 갖는 것이 중요하다. 그런 의미에서 '느림의 생활'은 곧 '자신을 제대로 바라보고 자신이 하고자 하는 것들을 조용히 실천하는 나로부터의 작은 혁명'이다.

느리게 사는 방법은 결국 자신답게 사는 방법, 자신의 품격을 높이면서 사는 방법, 아름답게 행복해지는 방법을 추구하는 삶의 태도이다. 그러기 위해서 남과 비교하기보다는 자신만이 잘할 수 있는 자신만의 일을 찾고, 심신의 건강을 유지하기 위한 운동과 마음공부를 게을리 하지 않고, 자신을 행복하게 하기 위한 취미생활 가꾸기에 푹 빠져 보는 순도 높은 생활방식이 요구된다. 느리게 살기 위한 노력은 역설적이게도 빠르게 할 때는 느껴 보지 못했던 삶의 태도에 대한 깊이 있는 천착과 생활의 본질에 대한 깊은 느낌이 다가오게 한다. 그럼으로써 나 자신에 대해서 깊이 성찰하게 되고, 음식 하나에도 제대로 된 맛을 음미하게 되고, 사람 사이의 관계에 있어서도 포장된 것이 아닌 진심으로의 관심이 가능한 한 차원 높은 삶의 향기가 배어나는 융숭한 맛이 깃든 생활이 가능한 것이다.

이제 우리는 사는 게 왜 이렇게 팍팍한지 모르겠다며 한숨만 푹 푹 쉴 것이 아니라 멀고 긴 안목으로 인생을 보며 천천히 한 발 한 발 나를 위해서 어떻게 살아야 할지를 곰곰이 생각해 볼 일이다.

생활 속에서 느리게 사는 삶을 실천하는 건 마음먹기에 달려 있다. 우선 내 삶의 목표를 성장 위주에서 느림 위주로 바꾸는 습관이 중요하다. 그러기 위해서는 지금까지의 성과 위주의 직장생활에서 과감히 벗어나 내가 중심이 되는 생활을 목표로 삼을 필요가 있다. 느림의 생활은 그만큼 일 하나하나에도 스스로 만족스럽지 못하면 쉽게 결론을 내리지 않는 성실한 직장태도를 만들어 줄 것이다. 그런 다음에는 자신을 만족시키는 뭔가를 찾아 흠뻑 몰두해보자. 음악감상이든, 요가든, 다도든, 영화감상이든, 라이브 공연 관람이든지간에 자신을 흠뻑 빠지게 하는 한두 개의 취미를 선택해 편안하게 자신을 그 속에 빠뜨려보자. 그리고 무엇을 할 것인가보다는 어떻게 할 것인가에 보다 많은 관심을 기울이는 생활습관을 지니자.

나만의 버킷리스트를 만들어라

나는 오래전 〈버킷 리스트 – 죽기 전에 꼭 하고 싶은 것들〉이라는 영화를 감명 깊게 보았다. 암에 걸린 두 남자가 우연히 같은 병실을 쓰게 됐는데, 항암치료와 긴 병원생활에도 불구하고 시한부 인생을 선고받는다. 그렇게 가까이 마주한 죽음 앞에서 그들은 하고 싶은 일의 목록을 적어나간다. 이 '버킷 리스트'를 실행하기 위해 두 사람은 병원을 떠나 세계 각국을 여행한다. '장엄한 광경 보기'를 원했던 모건 프리먼은 평소 가고 싶었던 산의 장엄한 광경이 펼쳐진 곳에 묻힌다. '최고의 미녀와 키스하기'를 원했던 잭 니콜슨은 소원했던 딸과 극적으로 화해하며 사랑스러운 손녀와 입을 맞춘다.

그들이 이집트 여행 중 피라미드를 앞에 두고 대화를 나누는 장면을 보면 누구나 지나간 인생을 진지하게 돌아보게 될 것이다. '삶을 행복하게 살았는가?', '남에게 얼마나 행복을 나누어 주었던가?' 두 사람은 이 두 가지 질문에 잘 대답할 수 있어야 천국에 갈 수 있다고 이야기한다. 나의 행복과 남의 행복, 이 두 가지를 모두 이룬 사람에게 과연 후회란 것이 존재할 것인가?

〈버킷 리스트〉의 명대사가 기억난다.

"눈을 감는 마지막 순간에 마음은 아주 넓게 열려 있었어."

또 질문을 던진다.

"나는 인생의 기쁨을 찾았는가? 내 인생이 다른 이에게 기쁨을 줬는가?"

당신은 인생의 기쁨을 찾았는가? 그리고 다른 사람에게 어떤 기쁨을 주고 싶은가? 나는 책 읽고 책 쓰는 기쁨을 찾았다. 그리고 이 기쁨을 토대로 많은 사람들에게 도움이 되고 희망을 주는 사람이 되고 싶다. 나는 세상에 선한 영향력을 미치고 싶은 소명을 가지고 있다.

삶의 마지막 순간이 온 듯 인생을 다시 되돌아볼 때, 책과 함께라면 외롭지 않을 것이다. 내일이 없을 듯이 오늘 최선을 다하는 것, 이것 역시 책과 함께라면 언제나 각인될 것이다.

당신이 나이를 얼마나 먹었건, 어떠한 절망의 상황에 놓여 있건, 또 얼마나 시간이 남아 있건 간에 '후회 없는 삶'에 대한 성찰을 가져보라.

책을 읽는 사람에겐 꿈이 있고 꿈이 있는 사람에게 오늘은 열정이며 내일은 희망이다. 지구 멸망 전, 한 권의 책 읽기를 실천하듯 하루 10분만이라도 몰입 독서를 하라. 그리고 후회 없는 삶에 한

발 다가서라.

⋮ 일탈, 마음의 여유

"열심히 일한 당신, 떠나라."

몇 해 전에 공전의 히트를 친 모 광고의 카피다. 사람들은 현실에서의 떠남, 즉 일탈에 열렬한 반응을 보였다. 일상에서 벗어나고 싶은 사람들의 심리, 하지만 쉽게 벗어날 수 없는 것에 대한 아쉬움이 찐하게 묻어 있기 때문이다.

아마 이 지구상의 대부분의 사람들이 일탈을 원할 것이다.

그렇다면 우리는 왜 일탈을 꿈꿀까?

그 이유를 찾기에는 너무 어렵다. 일탈이 정하여진 영역이나 본래의 목적이나 길, 사상, 규범, 조직 따위로부터 빠져 벗어나는 것을 말하기 때문이다. 즉 그 범위가 너무 넓기 때문에 원인 또한 수만 가지가 될 것이기 때문이다. 심리학이나 사회학적 접근은 너무 어렵기 때문에 생략하도록 하자.

나도 평소에 일탈을 꿈꿀 때가 많다. 내 경우와 그동안의 경험을 빌어 그 원인을 찾아보자면, 우선 심심하다는 것을 들 수 있다. 그리고 내 뜻대로 잘 안 될 때, 정신적으로 지쳤을 때, 상처 받았을 때 등이 아닐까 한다.

우리는 우리의 인생이 격랑으로 이루어지기 보다는 잔잔한 호수처럼 고요하고 평온하기를 원한다. 그런데 실제로 인생이 고요하고 평온하면 '심심'해진다. 삶에 작은 변화를 꿈꾸게 된다. 일탈을 꿈꾸는 것이다.

그리고 인생이, 일상이, 생활이 내 뜻대로 원하는 바 대로 다 이루어지면 얼마나 좋을까 만은 이 또한 내 뜻대로 되지는 않는다. 내가 주인공이 되어 인생을 이끌어 가야 하는 데, 다른 사람의 간섭이나, 사회의 제약, 규제, 법, 고정관념 등으로 내 삶에서 내가 자꾸 주인공에서 밀려난다는 느낌을 받으면 일탈을 생각하게 된다.

또한 사람들에게 상처 받고 정신적으로 피폐해질 때 역시 일탈을 꿈꾼다. 한마디로 지금 처한 일상의 현실에서 그냥 벗어나고 싶은 것이다. 그렇다. 최선의 일탈 방법을 멀리 떠나는 것으로 우리는 생각하고 있다. 그래야 문제를 해결되는 것처럼 '착각'을 한다. 일상으로 돌아오면 문제는 그대로 있는 데 말이다.

일탈은 일상의 지친 몸과 마음을 쉬게 해주는 것은 맞다. 가뭄의 단비처럼 일탈은 새로운 활력을 주는 것도 맞다. 하지만 우리는 일탈의 행위를 너무 거창하게 생각하는 경향이 있다. 그렇기 때문에 오히려 일탈을 못하고 현실과 일상에 갇혀 있게 된다. 왜? 우리가 기대하는 거창한 일탈을 할 수 없기 때문이다.

소심하고 과감한 일탈이 필요하다.

나는 일상이 심심해지면 큰 고민 없이 사무실을 나선다. 가까운 5일장을 찾아가거나, 야구장을 찾아간다. 시끄러움과 북적거림, 함성으로 심심함을 해소한다. 한 동안은 일상에 매진할 수 있다.

또 가끔은 늘 다니는 길이 아닌 전혀 모르는 길을 간다. 낯섬과 불안함 그리고 목적지를 찾을 때의 성취, 안도감으로 일상의 고단함에 대한 일탈을 즐긴다.

멀리 여행을 가고, 연락을 단절한 채 자기만의 세계에 빠지는 것도 훌륭한 일탈이다. 우리가 일탈을 하고자 하는 것은 마음이 평안해지고 여유로워지기를 바라기 때문이다. 즉 심리적 안정 때문이라는 것이다. 그렇다면 일상이 아닌 어떤 것이든 심리적으로 안정을 취할 수 있고 마음의 여유가 생긴다면 그것이 일탈이라고 하겠다.

누군가에게는 오랜만에 마시는 막걸리 한 잔이, 별을 따라가는 밤 산행이, 낯선 골목길을 걷는 것이, 아무 버스나 타고 낯선 동네를 구경하는 것이, 어쩌면 아침형 인간이 저녁형 인간이 되어 보는 것 등이 모두 일탈이 될 수 있다. 이런 일들로 마음의 여유가 생길 수 있다면 말이다.

그런데 실제 내 주위에는 사소한, 소심한 일탈을 즐기는 사람이 많다. 그들과 만나 얘기를 해보면 대체로 마음의 여유가 많다. 일상생활에서도 각박하지 않고 여유롭게 생활하고 있다. 일탈은 마음만 먹으면 언제든지 할 수 있기 때문에 일상에 지치는 일이 덜 한 것이다.

열심히 일하지 않아도 떠날 수 있다. 그리고 일상에 찌들지 않아도 떠날 수 있다. 나는 일탈에 조건을 달고 싶지 않다. 일탈을 아무렇지도 않게 즐겼으면 좋겠다. 자기만의 일탈의 종류를 적어두면 떠나기는 더 쉬울 것이다. 마음의 여유를 찾을 수 있는 자기만의 일탈을 즐기기를 바란다.

꿈, 아름다운 욕망

무엇인가의 부족을 느껴 가지거나 누리고자 탐하는 것, 또는 그런 마음을 의미하는 욕망慾望, Desire은 라캉에 의해 정신분석학의 핵심 용어로 부각된 개념이다.

누군가를 보고 싶은 것, 겨울바다가 보고 싶은 것, 어릴 적 장래 희망도 욕망의 한 부분이다. 의사나 변호사 혹은 선생님, 기업가, 장군, 정치인 등의 목표도 욕망이라는 것이다. 그런데 우리는 암묵적으로 '욕망' 이라고 하면 부정적인 생각이 들게 된다. 즉, 무엇인가를 '소망' 하는 것과 '욕망' 하는 것은 다르다고 생각한다.

특히 불교에서는 욕망을 버리라고 한다. 불교에서 욕망은 자신을 갉아먹는 헛된 집착이자 턱없는 욕심을 말한다. 재산을 늘리고자 남의 재산을 빼앗는 것, 천년만년 살고자 하는 것, 남의 아내를 탐하려는 것 이 모두가 욕망이라고 한다. 이런 것들을 '소망' 이라고 하는 사람은 없다. 맞는 말이다. 욕망은 절제되어야 한다. 우리가 살아가면서 인생이, 삶이 고통스러운 것은 만족할 줄 모르는 욕망 때문이다.

인간의 욕망은 내 안에 있지 않고 밖으로 나오면 견제의 대상이 된다. 그래서 사람들은 자신의 욕망을 잘 드러내지 않으려고 한다. 가슴 저 밑 어두운 곳에 꽁꽁 묶어 두고 봉인해버리고 있다. 표출

된 욕망은 에너지가 넘치고 그 파급력이 엄청나기 때문이다.

나는 '욕망'이라는 단어를 보면 가장 먼저 '욕망이라는 이름의 전차A Streetcar Named Desire'라는 영화가 떠오른다.

미국 남부의 몰락한 지주의 딸 블랑시는 연애결혼에 실패한 여자이다. 창부적인 기질을 가지고 있으면서도 과거의 교양과 전통에 얽매어서 욕정을 억누르며 귀부인답게 행동하려고 애쓴다. 현실 도피의 꿈속에서 외롭게 살아가다, 뉴올리언스에 사는 동생 스탤러를 찾아갔을 때, 야성적이며 현실적인 동생의 남편에게 진실을 폭로당하고 겁탈을 당하자 감추어졌던 욕정에 몸을 내맡기게 되고, 결국 미쳐서 정신병원에 보내어진다는 내용이다. 이 영화는 여성의 성의 좌절과 분열을 그린 작품이다. 뉴올리언스에는 실제로 '욕망의 거리'라는 전차 노선이 있다고 한다.

이밖에도 욕망과 관련된 소설, 영화, 미술 등의 예술 작품은 많다. 그만큼 우리 인간의 삶에 많은 영향을 주기 때문이다. 그런데 우리는 '욕망'은 절제되어야 하는 것이며 욕망을 드러내면 결국은 파국을 맞게 된다는 생각을 하고 있다. 아이들에게 교육을 시키고 있다.

그렇다면 정말로 욕망은 절제되어야 하고, 밖으로 표출되어서는 안 되는 것일까? 욕망을 욕정과 같은 본능적인 것으로 여기고 금기 시해야 하는 것일까?

나는 우리가 가지는 욕망에 대한 사회적 개념은 고정관념이라고 본다. 아주 강력한 집단최면과 같은 것이라고 본다.

나는 욕망을 꽁꽁 묶어둠으로 생기는 내적 자아와 외적 자아 사이의 괴리와 이를 감추어야 하는 심리적 불안과 갈등과 같은 정신적 불균형이 더 큰 문제라고 생각한다. 이러한 정신적 불균형은 결국 육체적 불균형으로 이어지게 되고, 사회적 불안감으로 확대될 수 있다.

내적 욕망을 강하게 억누르고 있는 것은 정신적 치료가 필요하다는 말과 같다. 어느 순간 봉인이 해제되어버리면 걷잡을 수 없게 된다. 욕망을 억제하고 절제하고 감추기보다는 차라리 밖으로 드러내는 것이 훨씬 정신 건강에 좋다. 사회도 건강해진다.

누구나 심연 저 깊은 곳에 꽁꽁 숨겨둔 욕망은 다 있다. 그것들은 조심스레 하나 둘 풀어내야 한다.

어찌보면 욕망은 절제되어야 한다는 사회적 개념은 통제의 수단으로써 강요되고 주입된 것일 수 있다. 사회가 원하는 구성원으로 길들이기 위한 방편일 수 있다. 욕망은 개인의 자유와 밀접한 관계가 있기 때문이다.

어릴 때 생각하면 무엇이 되고자 하는 강한 생각, 즉 욕망이 '꿈'으로 그려지는 경우는 그리 많지 않았다. 예를 들면 TV에 나오는 사람들을 선망하고 나도 그들과 같은 사람이 되고자 욕망하지만, 사회는 나에게 그것은 '꿈'이 아니라고 강요하고 설득한다. 많은 사람들이 자신의 욕망을 한때 지나가는 열병처럼 여기고 살았다. 문제는 여기에 있다.

또 하나의 예를 들어보자. 몇 년 전부터 우리나라에는 노래, 춤, 패션 등 각종 오디션 프로그램의 열풍이 불고 있다. 수많은 청소년과 젊은이들이 오디션에 지원한다. 일부에서는 이를 두고 청소년들에게 겉멋만 들게 한다는 비판도 있다. 그런데 나는 그렇게 생각하지 않는다. 자신의 재능을 숨기고 살아가는 것보다는 드러내는 것이 좋다고 생각한다. 만약 자신의 남다른 노래 재능을 숨기고 살아가면 언제나 마음 한 구석에는 이루지 못한 '꿈'에 대한 미련이 남게 되고, 잘못된 욕망으로 표출될 수 있다. 시험대에 올라 자신의 재능에 대해 검증 받는 것도 중요하다. 자신보다 노래를 잘 하는 사람들이 얼마나 많은지 알게 되면 최소한 미련은 생기지 않을 것이다.

　사람이 살면서 평생 '꿈' 이 하나만 있을 수는 없다. 꿈은 시대에 따라 환경에 따라 개인의 상태에 따라 얼마든지 생기고 사라진다. 이제 그 꿈을, 욕망을 부정적으로 생각해 깊은 곳에 감추려 하지 말자. 누구의 눈치도 볼 필요가 없다. 우리를 살아있게 하고, 생동감을 주고, 행동하게 하는 것은 욕망이 있기 때문이다.

　나의 마음에서 욕망이 사라지면 나도 사라진다. 숨은 쉬고 있어도 죽은 것이나 다름없다.

　욕망은 절제가 아니라 통제가 필요하다. 사회적인 통제가 아니라 개인적인 통제력에 맡겨야 한다. 걷잡을 수 없는 에너지라 할 수 있는 욕망은 지극히 한 개인의 몫이다. 욕망이 우리에게 무엇을 꿈꾸게 하든 그것은 아름다운 것이며, 지극히 존중 받아야 한다.

　욕망을 표출하고 그것을 통제할 수 있는 능력을 기른다면 또 다른 행복과 아름다움을 누릴 수 있을 것이다.

　행복은 숨쉬고, 걷고, 밥을 먹는 것처럼 당연하고 자연스러운 것이다. 나의 욕망도 걷고 숨쉬며 먹는 것처럼 자연스러워져야 한다.

chapter 3
창조적인 나를 만드는 느낌의 습관

: 창조적으로 사는 습관을 길러라

우리나라 중소기업의 사훈으로 가장 많이 쓰이는 것이 '근면성실' 이다. 부지런히 일하며 힘쓰라는 근면勤勉과 정성스럽고 참되라는 성실誠實은 비단 사훈뿐만 아니라 각 가정의 가훈家訓으로도 많이 쓰인다. 내가 초등학교에 다닐 때 급훈級訓 역시 '근면성실' 이었던 것으로 기억한다.

'근면성실' 은 우리나라 사람이 가장 많이 듣는 말 중에 하나라고 할 정도다. 타국에서 성공한 삶을 사는 재외동포를 소개하는 신문방송의 수식어는 거의 100% '근면성실한 한국인' 으로 시작한다.

70년대 산업화를 이루고 지금의 경제강국으로 성장한 우리나라를 설명할 때도 '근면성실'은 빠지지 않는다. 지금의 대한민국을 있게 한 원동력이 '근면성실'이라고 할 수 있다. 우리 민족은 정말 근면하고 성실하게 살아왔다. 세계가 우리의 이러한 면을 보고 깜짝깜짝 놀라는 것도 사실이다. 그리고 아이들에게도 '개미와 베짱이' 이야기를 들려두며 근면성실하게 살아야 함을 교육했다. 아침에 빨리 일어나는 새Early Bird가 되어 먹이를 빨리 먹으라고 배웠다.

'근면성실'과 함께 가장 많이 듣는 말 중에 하나는 '착하게 살라'는 말이다. 나는 어릴 때부터 귀가 아프도록 들었던 말이기도 하다. 그렇다고 내가 어릴 때부터 착하게만 산 것 같지는 않다.

"이 사람은 법 없이도 살 사람이야."

어르신들은 이 사람이 착하다는 표현으로 많이 사용하신다. 법이 필요 없는 사람, 스스로 선악을 구분하고 절제하며 배려하는 사람이야말로 착한 사람이라는 것이다. 예전에는 최고의 칭찬이었다.

그런데 지금은 사정이 많이 달라졌다.

요즈음은 '근면하게 살면 더욱 가난해진다'는 말이 유행한다. 지금은 '근익빈勤益貧의 시대'라는 것이다. 근면하게 살면 더욱 가난해진다는 뜻이다. 열심히 산다고 해서 부자가 되는 시대가 아니라는 말이다. 요즘은 학교에서도 근면성실을 예전처럼 강조하지 않는다. 아이들에게 '개미와 베짱이' 이야기를 들려주고 개미처럼 부지런해야 한다고 하면 아이들은 웃는다. 베짱이처럼 열심히 노래해서 오디션 프로그램에 나가 1등하는 것이 훨씬 낫다는 것이다. 얼마나 기발한 말인가.

나는 예전에는 우리 어머니 아버지가 근면성실을 강조했던 것은 그 당시 우리나라 상황으로서는 어쩔 수 없는 선택이라고 생각한다. 왜냐하면 그 당시에는 우리가 가진 것이 없기 때문에 굶지 않고 살기 위해서는 아침부터 저녁까지 열심히 일해야 겨우 가족들 입에 풀칠할 수 있었기 때문이다. 그리고 근면성실하면 부자가 될 가능성이 많았다. 그 당시는 지금처럼 기업의 수나 질적 규모 면에서 비교가 되지 않을 정도였기 때문에 누구든 근면하고 성실하면 성공할 확률이 높았다. 그래서 창업주들의 성공스토리에는 근면성실함이 바탕을 이룰 수밖에 없다.

하지만 지금은 너무나 많은 것들이 갖춰져 있기 때문에 성공한 삶을 살기 위해서는 과거와 달라야 한다. 과거에 없던 것을 만들어내야하고, 과거와 다르게 생각해야 성공할 수 있다. 블루오션을 찾아야 하는 것이다. 즉 창의적 아이디어가 중요한 시대다. 스마트한 시대라는 말이다. 요즘은 학교에서도 창의성, 창조력을 강조한다. 교과목도 창의적 사고를 길러줄 수 있는 방향으로 개편되고 있다.

부자가 되고 싶은가? 그러면 창의적 사람이 되어라. 마냥 착하기만 한 사람, 열심히 하는 사람, 부지런한 사람이라는 말보다 창조적 인간, 창의적 인간이라는 말을 들어야 한다.

지금은 창조적일수록 부자가 되는 '창익부創益富'의 시대이기 때문이다. 스마트 시대에는 스마트하게 살아야 부자가 된다.

물론 근면해야 하고 성실해야 한다. 그런데 창의적이지 않으면 근면성실한 대가가 나에게 돌아오지 않을 수 있다. 예전처럼 주어진 삶에 순응하고 그야말로 아무 생각없이 앞만 보고 달리면 내 몸만 망가진다는 말이다.

아직도 이해가 되지 않는다면 손에 들고 있는 스마트폰을 보면 된다. 스마트 시대는 근면성실 + 창조성이다. 부지런하고 열심히 사는 것만으로는 꿈꾸는 부자가 되기는 어렵다는 말이다.

그리고 부자가 되지 않더라도 지금의 세상을 재미있게 살려면 창조적이어야 한다.

사색하는 습관을 길러라

"책을 읽지만 생각하지 않으면 얻음이 없다. 생각만 하고 책을 읽지 않으면 위태롭다學而不思 則罔 思而不學 則殆"   - 공자

"독서는 다만 지식의 재료를 공급할 뿐이다. 그것을 자신의 것으로 만드는 것은 사색의 힘이다."   - 경험론의 시조 존 로크

"글을 읽는 사람이 비록 글의 뜻을 알았으나 만약 익숙하지 못하면 읽자마자 잊어버리게 되어 마음에 간직할 수 없을 것임은 틀림없다. 이미 알고 난 후에 또 거기에 자세하고 익숙해질 공부를 더한 뒤에라야 비로소 마음에 간직할 수 있으며 또 흐뭇한 맛도 느낀다."   - 이황李滉

위의 인용한 말들은 사색의 중요성을 강조한 말이다. 즉 독서의 완성은 사색이라는 것이다. 하루에도 수많은 책이 쏟아지지만 책을 읽고 난 후에 책에 대한 사색을 즐기는 사람이 몇 명이나 될까 궁금하다.

사색은 독서에만 필요한 것이 아니다. 사색은 우리 일상에서 없어서는 안 될 정도로 중요하다. 사색은 깊이 생각하는 것이기 때문에 어지러운 생각을 정리하고, 불안하고 불확실한 나와 미래를 돌아보고 바라볼 수 있기 때문이다. 또한 사색을 통해 나를 주인공으로 한 아름다운 이야기가 만들어진다. 사색의 즐거움에 빠지면 인생에 대한 자신감과 자신을 사랑하는 자존감이 높아진다.

그런데 요즘은 사색을 즐기는 사람을 보기가 힘들다. 내가 젊었을 때만 하더라도 고궁이나 한강변, 공원 등을 찾으면 깊은 사색에 빠져 있는 사람을 쉽게 볼 수가 있었다. 그런데 지금은 공원이나 고궁을 가면 바쁘게 지나가며 눈 관광하는 사람들뿐이다. 한강변에는 자전거를 타고, 빠르게 걷고, 달리는 사람들뿐이다.

사람들은 자신의 생각들을 어떻게 정리할까?

몇 년 전부터 방송이나 책 등을 통해 상처받은 사람들의 마음을 치유해주는 힐링Heeling이 한반도를 강타했다. 그리고 세월호 참사로 인해 대한민국 전역이 힐링이 필요하게 되었다. 마음의 상처는 반드시 치유가 되어야 한다. 힐링이 필요하다.

사색과 힐링은 모두 치유의 기능이 있다. 구분하자면 외부의 도움으로 치유가 되는 힐링이냐, 내적 자아 스스로 치유하는 사색이

냐의 차이가 있다. 물론 세월호 사건과 같이 큰 참사는 힐링에 의한 치유가 더 필요할 수 있다.

하지만 일반적인 마음의 상처는 사색으로 치유가 가능하다. 나는 몇 년 전에 2주일 동안 템플스테이를 경험한 적이 있다. 대부분의 시간을 걷고 명상하고 사색하는 것으로 보냈다. 그로 인해 풀리지 않던 마음의 응어리들이 녹아내리는 것을 경험했다. 큰 의미로 힐링이 되었다고 할 수 있다. 이처럼 사색은 천천히 나를 돌아보는 것이다. 그 시간동안은 내가 주인공이다.

그런데 요즘 사람들이 자신의 이야기에 관심이 없는 것 같다. 남의 이야기에 더 많은 관심이 있다. 실시간으로 올라오는 연예인 관련 기사를 보고 또 본다. 그것도 모자라 다른 사람들도 보라고 SNS에 링크를 걸어둔다. 이뿐만 아니라 SNS를 통해 다른 사람이 쓴 글과 사진을 보면 열심히 '좋아요'를 눌러준다. 물론 SNS를 이용하는 사람들의 목적은 소통이다. 하지만 그 소통의 방식이 잘못되었다. 마치 나를 봐달라는 듯이 글을 쓰고, 나의 일상을 사진 등을 통해 공개한다. 그리고 그 게시물에 얼마나 많은 사람들이 관심을 갖는 지에 열중한다. 이는 정신병적으로 말하면 관음증이고 노출증이다. 쉴새없이 울리는 SNS의 알림음은 잠시도 생각이라는 것을 할 틈을 주지 않는다.

　나는 얼마 전부터 SNS를 사용하지 않고 있다. 하루에도 몇 십번 씩 SNS를 보고, 또 인터넷 검색을 하다보니 하루의 대부분을 남의 이야기에 빠져 사는 나를 발견했기 때문이다.

　SNS를 사용하지 않고부터 다시 나를 돌아보는 사색을 하게 되었다. 다시 사색의 즐거움을 느끼게 되었다. 느림의 아름다움을 느끼게 되었다.

　물론 현대에서 전혀 검색을 하지 않고 살 수는 없지만 최대한 검색을 줄이는 것이 좋다. 인터넷을 통해 검색하는 것은 이미 완성된 정보들이다. 다른 사람들이 만든 가상의 공간에서 다른 사람의 이야기만 끊임없이 들어야 하는 것이다. 재미는 한 순간이다. 다른 사람이 무엇을 입던, 무엇을 먹던, 어디에 가던, 누구와 연애를 하던 관심을 접어야 한다.

　대신 사색을 하기를 권한다. 창조적인 사람, 창의성이 뛰어난 사람은 사색을 즐긴다는 사실을 기억해야 한다. 자신이 자신의 삶의 주인공이 되어 행복하게 살고 싶으면 자신을 돌아보는 사색을 즐기는 습관을 길러야 한다.

생각에도 자유시간을 줘라

"지나치게 왕성한 생각은 사고가 아니다."

미국의 초현실주의 시인인 시어도어 로스케Theodore Roethke, 1908~1963
의 말이다. 생각이 많다고 항상 긍정적이진 않다. 장고 끝에는 악
수惡手라는 말이 있는 것처럼 오래 생각하거나 너무 많이 생각하는
것은 전적으로 환영 받지 못한다. 물론 생각이 너무 없는 것보다는
긍정적이다.

그런데 인간은 생각을 하지 않고 살 수는 없다. 매 순간 자신은
인지하지 못하지만 수많은 생각이 뇌에서 발생되고 정리가 된다.
그렇다면 어떻게 해야 생각을 조금 덜 하며 살 수 있을까? 생각은
우리의 뇌를 통해 이루어진다. 그렇다고 뇌를 멈출 수는 없다. 곧
죽음에 이르기 때문이다.

하지만 신기하게도 하루에도 몇 번씩 우리는 아무 생각이 나지
않을 때를 경험한다. 나도 과로를 하거나 한꺼번에 너무 많은 원고
를 쓰면 어느 순간 멍하니 아무 생각도 판단도 안 될 때가 있다. 그
리고 책을 읽을 때 눈으로는 활자를 읽고 있지만 머리는 다른 생각

을 할 때도 있다.

왜 그럴까? 답은 뻔하다. 뇌가 쉬고 싶다는 것이다.

우리가 어떤 일에 대해 너무 깊게, 집요하게, 오랫동안 생각을 할 때는 전구의 휴즈가 나간 것처럼 갑자기 어두워진다. 머리를 쥐어짜면서 어떤 문제의 해답을 찾거나 아이디어를 만들어 낼 때도 마찬가지다.

현대에 사는 우리는 인터넷 망을 통해 너무 많은 정보를 접한다. 하루 24시간 원하는 시간이 언제든 상관없이 정보의 바다에 항해를 한다. 새롭고 창의적인 아이디어를 만들기 위해 창조적 결과물을 만들기 위해 인터넷을 뒤지고 또 뒤진다. 자연히 머리에는 수많은 정보가 들어오게 된다. 우리 뇌는 수많은 정보를 분류하고 폐기하는 일을 하는데 보통 우리가 잠을 잘 때 뇌는 그 일을 수행한다.

그런데 우리가 밤낮 없이 정보를 뒤지고, 아이디어를 짜내고, SNS의 글을 읽고 의미를 해석하고, 또 정보를 수집하는 일들을 한다. 자연히 뇌는 과부하가 생길 수밖에 없다. 우리가 갑자기 멍해지는 것은, 생각이 일시적으로 스톱되는 것은 뇌가 정리할 시간을 갖는 것이다.

현대의 직업은 창의적 아이디어를 원하는 직업이 많다. 특히 IT

계열의 직장이 그렇다. 그런데 IT를 기반으로 한 제품과 기술은 지금도 계속 진화하고 있다. 오죽하면 정부가 창조경제를 외치겠는가. 그만큼 창의, 창조가 중요하다는 것이다.

하지만 안타깝게도 창의적 생각은 쉽게 만들어지지 않는다. 오래 앉아서 생각한다고 나오는 것은 아니다. 정보를 많이 검색한다고 얻어지는 것도 아니다. 오히려 오랫동안 앉아 있으면 생각이 정리가 안 되어 엉뚱한 잡생각만 나게 된다.

창의적인 발상은 생각의 여유에서 나온다. 머리에 어떤 하나의 생각으로 꽉 차 있으면 새로운 생각이 생겨날 공간이 없게 된다. 아! 하는 기발한 생각이 날 수 있도록 공간을 만들어줘야 한다.

현재 잘나가는 기업들은 식사 후 30분에서 1시간 정도의 낮잠시간을 준다. 과거 내가 회사를 다닐 때는 꿈도 꿀 수 없는 일이다. 책상에 앉아 잠시 졸기라도 하면 곧바로 상사들의 질책이 이어졌다. 그런데 낮잠을 자고나면 일의 효율성이 더 좋아진다고 한다. 졸음을 참고 멍한 상태로 일을 하는 것보다 일의 성과나 만족도에서 월등히 앞선다는 연구가 있다.

창조적 기업일수록 직원들이 업무에만 매달리지 않는다. 사내에게임방, 노래방 등을 설치해 직원들이 자유롭게 놀 수 있도록 한다. 잘 놀아야 일도 잘 된다는 의미다.

생각이란 놈도 마찬가지다. 한 가지에만 매달리면 성과와 만족도가 떨어진다. 생각이 스스로 놀 수 있는 자유시간을 줄 필요가 있다.

야성 있는 행동을 하라

"내가 그의 이름을 불러 주기 전에는
그는 다만
하나의 몸짓에 지나지 않았다.

내가 그의 이름을 불러주었을 때,
그는 나에게로 와서
꽃이 되었다."

김춘수 시인의 「꽃」이란 시다.

이름을 불러주었을 때 특별한 존재가 된다는 의미다. 즉 서로에게 길들여짐을 의미한다고 하겠다.

어린왕자와 사막여우의 관계는 길들여진 관계다. 인간의 삶은 길들여짐의 연속이라고 해도 과언이 아니다. 사회의 구성원으로서 살아가기 위해서는 구성원들과의 마찰 없이 지내야 한다. 그것은 사회에 길들여지는 것이다.

우리는 이런 길들여지는 관계에 익숙하다. 옷, 구두, 사는 곳, 먹는 것, 애완동물 등 일상에서 우리는 길들여진 것을 향유한다. 내가 길들이거나 길들여지거나 둘 중 하나다. 그래서 길들여지지 않는 날 것 그대로의 것에는 낯설어 하고 경계한다.

그런데 이 길들여짐은 수평적 관계에서의 익숙함을 위한 전제조건이라면 별 문제가 없지만, 수직적 관계에서의 길들여짐은 행복하지 못하다. 이는 노예의 삶과 같다. 수직적 관계에서의 길들여짐의 수단은 권력에 의한 폭력이다.

우리가 이렇게 길들여지는 이유는 우리 몸에 야성이 사라졌기 때문이다. 인간은 먹이를 찾아 보다 안정된 주거지를 찾아 떠돌아다니던 때가 있었다. 정착 생활을 한 것은 7,000~8,000년 전인

신석기시대 후반의 일이다. 인류의 역사에 비하면 최근의 일이다. 우리 몸에는 아직 야성이 남아 있다. 그런데 사회를 이루고 살면서 야성을 점점 버리고 있다. 인간 개인이 사회와 떨어져서 혼자 살아가는 것은 매우 어려운 일이다. 때문에 인간은 사회에 길들여지게 되는 것이다.

길들여진다는 것은 주어진 환경과 상황에 순응하는 것이다. 주는 대로 먹고 하라는 대로 하는, 있으면 먹고 없으면 마는 수동의 삶이다. 인생의 삶은 자기 자신에 의해 살아가고 개척해야 한다. 그러기 위해서는 야성이 필요하다. 야성이 없는 삶은 현실에 안주하고 매너리즘에 빠지고, 타성에 젖고, 창의적이지 못한 삶이다.

나는 《동물농장》이라는 TV 프로그램을 좋아한다. 그 프로그램에서 차가 쌩쌩 달리는 도로변에서 개 한 마리가 위험하게 지나가는 차에 달려가는 장면을 본 적이 있다. 주인의 차를 찾고 있는 것이다. 버려졌다는 것을 인지하지 못하고 하염없이 주인을 기다리는 것이다. 여기에서 말하고자 하는 것은 동물학대에 대한 부분이 아니다. 인간이 개를 길들이기 시작하면서 개들은 야성을 잃었고 인간의 보살핌이 없이는 살아갈 수가 없다는 안타까움을 말하고 싶은 것이다.

길들여짐의 관계는 책임과도 연관이 있다. 길들이는 존재는 대상에 대한 무한책임을 가져야 하고, 길들여지는 존재는 자신의 존재를 망각하는 무책임함을 알아야 한다. 물론 동물들은 어렵겠지만 인간은 스스로의 존재 가치를 높일 필요가 있다.

나는 야성을 잃지 않는 삶을 살기 위해 노력한다. 그렇다고 반항을 하거나 투사가 되어 저항을 하는 것은 아니다. 단지 내 삶의 주체가 나 자신이 되기 위해, 주체적인 내 삶을 길들이려고 하는 무엇인가로부터 저항하기 위해 야성을 잃지 않으려 하는 것이다.

이는 길들여짐으로 인한 타성에서 벗어나기 위함이다. 의타적인 것이 아니라 나 스스로 경쟁력을 갖고, 다른 사람의 도움 없이 살수 있도록 하기 위해서다. 내가 하는 일에 대해 스스로 가치를 부여하기 위해서다. 온실을 벗어나 자유로운 들판에서 살기 위해 야성이 필요하다.

내 마음을 눈으로 볼 수 있게 하라

흔히들 상대방의 마음을 읽는 기술로 '눈은 마음의 창'이라고
한다. 상대방의 눈을 잘 살피면 상대방의 마음을 알 수 있다는 말
이다. 눈을 통해서 진실을 말하는지 거짓을 말하는지 알 수가 있
다. 감출 수가 없다.

앞에 앉은 사람이 짙은 색의 선글라스를 끼고 앉아 있다면 어떨
까? 먼저 상대방이 어디를 보고 있는지, 나의 말에 귀를 기울이는
지, 현재 하고 있는 말이 진실인지, 감을 잡을 수가 없다.

대화를 할 때 가장 좋은 자세는 상대방의 눈을 부드럽게 바라보
면서 대화를 하는 것이다. 서양에서는 눈을 바라보지 않으면 신뢰
가 없고, 진실성이 떨어지는 말을 하고 있다고 생각한다. 한국 사
람이 서양 사람과 대화할 때 가장 어려운 것은 언어가 아니라 눈을
바라보고 말하는 것이다.

우리나라 사람들은 대화를 나눌 때 상대방의 눈을 바라보는 습
관이 안 되어 있다. 우리 민족은 오래전부터 대화를 할 때 상대방
의 눈을 바라보는 것은 예의에 어긋나는 일로 생각했기 때문이다.

특히 봉건국가 시대에는 신분이 높은 사람의 얼굴은 물론 눈을 보는 것이 금지되어 있었다. 이는 하극상下剋上으로 보이기 쉬웠고, 권위와 권력에 대한 도전이라고 생각했다. 그 오랜 습성이 아직도 우리 피에 남아서 눈을 바라보고 대화하는 것이 어색하다. 가끔 커피 전문점에 가면 환한 대낮인데도 선글라스를 끼고 대화를 나누는 사람들을 가끔 볼 수 있다.

어색함을 없애기 위해서라고는 하지만, 사실 자신에 대한 자신감이 부족한 경우가 많다. 자신의 논리에 대한 자신감, 속마음이 들킬지 모른다는 불안감에 선글라스를 끼는 것이다.

대화할 때 눈을 바라보지 않는 것은 긴장감으로 인한 어색함과 두려움 또는 지금의 자리를 회피하고 싶은 마음의 표현이라고 할 수 있다. 그러면 상대방과의 좋은 관계를 유지할 수 없다. 원하는 것을 얻을 수 없다.

우리는 상대방의 눈을 통해 마음을 읽으려고 하면서 정작 자신은 상대방에게 마음을 보여주려고 하지 않는다. 내 마음이 상대방에게 보여지는 것을 두려워 하지 마라. 내가 상대방에 대하여 좋은 마음을 갖고 있다면 무슨 상관인가. 많이 보여주면 줄수록 좋은 것이다.

상대방에게 내 마음을 표현하는 방법은 여러 가지가 있다. 귀한 보석을 사줄 수도 있고, 마음을 담은 편지를 전해줄 수도 있다. 눈을 통해 내 마음을 표현하는 것도 한 방법이다.

'눈으로 말해요', '눈이 맞았다' 라는 표현들은 눈을 통해 마음이 전달되는 것을 말한다. 내 마음을 상대방이 내 눈을 통해 볼 수 있도록 평소에 습관을 들이자. 매일 거울을 보면서 연습도 해야 한다. 그리고 마음이 눈으로 보여진다는 자기 암시를 자주 해야 한다.

나의 가치를 한마디로 표현하라

기업의 최대 목표는 이윤의 극대화다. 이를 위해 수많은 마케팅 비용을 사용하고, 신제품 개발에 사활을 건다. 그리고 인건비가 싼 지역으로 공장을 이전하기도 하고, 보다 싼 원재료를 구입하려고 한다. 기본적으로 기업은 정해진 이익률을 유지해야 한다. 그렇기 때문에 제품 광고에 많은 돈을 투자하지만, 실제로는 제품 판매가에 광고비를 포함시키고 있다. 결국 소비자가 기업의 광고비를 내주는 셈이다. 이는 기업의 이윤창출 때문에 그렇다. 그렇기 때문에 기업들은 대표 브랜드를 만들고 홍보에 열을 올리고 있는 것이다.

과거 기업들은 우수한 제품을 만들어 홍보했다면 현대산업 사회에서는 좀 더 진화한 모습의 마케팅 전략을 선보인다. 우수한 제품을 만드는 것도 중요하지만 대표 브랜드를 만들어 브랜드 가치를 높이는 데 더 많은 공을 들이는 것이다.

가끔 TV 광고를 보면 제품을 광고하는 것이 아니라 기업의 이름을 홍보하는 광고를 볼 때가 많다. 바로 기업이미지 광고다. 스포츠 산업에서는 그런 전략이 더욱 두드러지게 나온다. 축구선수 유니폼에는 회사 로고들이 새겨져 있다. 축구 경기가 벌어지는 전후반 90분과 쉬는 시간뿐만 아니라 경기장 입장 등 경기가 벌어지는 하루 동안은 수많은 사람들이 아무런 제재 없이 유니폼에 새겨진 로고를 봐야 한다. 만약 TV중계가 된다면 전 세계 사람들이 보게 되는 것이다. 그래서 회사의 이미지 광고 비중이 높아지고 있다. 기업의 가치를 높이기 위해서이다.

사람들은 누구나 가능성에 무한한 가치를 가지고 있다. 그런데 가능성이 현실로 구현되었을 때는 가치 또한 측정 가능한 단위로 정해진다. 축구 꿈나무가 가지는 가능성의 가치는 무궁하지만 선

불리 측정하지 않는다. 하지만 꿈나무가 성장하여 손흥민처럼 성장했다면 가치는 측정가능 단위로 매 순간 정해진다. 손흥민의 가치는 한마디로 몸값으로 표현된다.

내가 살고 있는 대한민국 '서울'은 서울의 가치를 한마디로 표현하기 위해 '다이나믹 서울'이라는 표현을 한다. 서울 뿐 아니라 각 지방 자치단체들도 저마다의 도시의 가치를 한마디로 표현하기 위해 멋있는 말들을 사용하고 있다.

내가 일주일에 한 번 이상 들르는 교보문고는 서점이라는 가치를 표현하기 위해 '사람은 책을 만들고 책은 사람을 만든다'는 표현을 사용하고 있다. 무엇인가 한마디로 표현될 수 있다는 것은 굉장한 메리트를 갖고 있는 것이다. 쉽고 빠르게 사람들에게 고유의 가치를 심어줄 수 있기 때문이다.

그렇다면 나의 가치를 한마디로 표현할 수 있을까?

우선 한마디로 표현할 수 있는 나의 가치가 무엇이 있는지 알아야 한다. 자기만의 일, 즉 다른 사람과 확연히 구분되는 일을 가지고 있는지 따져보아야 한다. 내가 없으면 안 되는 일은 없는지도 살펴야 한다. 어느 조직에서 내가 없어도 무난히 조직이 흘러간다면 불필요한 존재가 될 수 있다. 조만간 조직에서 이탈하게 될 수도 있다. 나 아니면 안 되는, 나만이 가지고 있는 주특기가 있어야 가치를 매길 수 있다. 아무리 좋은 물건이라도 많은 사람들이 가지고 있다면 가치는 떨어질 수밖에 없다.

중학교 때 담임선생님이 세상에 필요한 사람이 되라고 한 적이 있다. 그때는 이상한 생각이 들었다. 세상에 필요 없는 사람도 있을까? 하고 말이다. 그런데 성인이 되고 보니 세상에 필요 없는 사람이 생각보다 꽤 많다는 것을 알았다. 필요한 사람이 되는 것이 마음처럼 쉽지 않다는 것을 깨달았다.

세상에서 필요로 하는 가치는 스스로 만드는 것이다. 거창하게 세상까지는 아니더라도 직장, 가정, 모임에 필요한 사람이 되어야 한다. 그게 나의 가치다. 메시나 호날드는 경기에서 이기기 위해 필요한 선수이기 때문에 천문학적인 돈을 주고 영입하는 것이다. 그리고 그 선수들은 스스로 그 가치를 증명하고 있다.

우리도 가치 있는 사람이 되어야 한다. 한마디로 표현할 수 있는 나의 가치를 찾아 그 가치를 높이기 위해 힘써야 한다. 나만의 재능을 개발해야 한다.

2

나만의 경쟁력을 키우는 생활 습관

책을 친구처럼 대하는
습관을 길러
인생의 동반자를
또 하나 얻는 기쁨을 맛보라.

chapter 4
변화하는 세상을 주체적으로 사는
나만의 변화습관

변화를 일상의 원리로 받아들여라

"부하 직원이 바뀌면 내게 대략 20%의 변화 지수가 생긴다. 상사가 바뀔 때는 그 지수가 50%까지 올라간다. 그러나 100%의 변화는 뭐니뭐니해도 남이 아닌 내 자신에게서 비롯된다."

– 박천웅의《왜 어제처럼 사는가》중에서

세상에 변화하지 않는 것이 있을까? 아마도 없을 것이다. 천 년 만 년 그대로인 것 같은 단단한 바위나 단단한 강철 등도 비바람에 깎이며 아주 미세하게 변화를 한다. 나를 포함한 모든 것들은 변화를 한다. 단 변화의 속도는 제각각이다. 변화는 긍정적일 수도 있고, 부정적일 수도 있다. 변화를 요구하는 주체와 변화를 요구받는 객체의 관계에 따라 긍정과 부정적 영향이 발생한다.

변화를 요구하는 쪽은 급진적 변화를 원하지만, 변화를 요구받는 쪽은 점진적으로 변화가 이루어지기를 바란다. 변화를 요구받는 쪽은 변화 자체가 스트레스로 작용할 것이다. 그런데 일반적으로 많은 사람들이 변화를 요구받는 쪽에 속한다. 그래서 변화에 저항한다. 비정상적이라는 인식을 한다, 진보와 보수의 예를 들면 진보는 변화를 요구하는 쪽에 가깝고, 보수는 요구받는 쪽에 가깝다. 그래서 보수는 될 수 있는 한 현재의 상태를 유지하려고 노력한다.

변화에 저항하는 것은 결국 익숙함에 자신을 묶는 것이 된다. 변화는 새로운 것에 익숙해지기 위한 노력이 필요함을 요구하기 때문에 부담스럽다.

인간의 진화는 변화의 연속으로 환경에 대한 적응이었다. 원래 진화는 가장 약하고 생존력이 떨어지는 개체에서 발생한다. 예를 들면 악어는 고생대 때부터 살고 있는 동물이다. 크기만 작아졌을 뿐 큰 변화가 없다. 즉, 진화가 덜 된 것이다. 하지만 악어의 입장에서 보았을 때 굳이 진화를 해야 할 이유가 없다. 생존에 아무런 문제가 없기 때문이다. 하지만 인간은 사정이 다르다. 환경에 적응하며 생존을 위해서는 변화하는 환경에 같이 변화할 수밖에 없다. 그것이 뇌의 발달을 가져왔고 지금의 문명을 이루고 살게 된 것이다.

인간이 변화에 저항하고 현재를 고수하려고 하는 것은 변화하는 환경을 무시하겠다는 말이다. 변화하지 않는 것은 도태를 의미한다. 생명에 있어 변화하지 않는다는 것은 멈춤이다. 죽음과 같다. 인간은 끊임없이 변화하며 살아가야 하는 숙명을 가지고 있다.

변화는 미래다. 미래를 자신의 원하는 모습으로 만들고 싶으면 지금 현재의 자신을 변화시켜야 한다. 현재가 변하지 않으면 미래는 없다. 내가 변화하지 않으면 세상의 변화는 아무런 의미가 없다. 그렇다고 모든 사람들이 세상의 변화의 속도에 맞춰야 한다는 것은 아니다. 사람마다 변화의 속도가 모두 다르기 때문에 변화를 하고 있다면 상관없다.

우리가 매 순간 변화를 하기 위해서는 우선 내 주위의 환경이 지금 이 순간에도, 내가 인지하지 못하는 순간에도 무수히 변화하고 있다는 것을 알아야 한다.

나는 세상의 변화의 모습을 직접 경험하기 위해 하는 습관이 있다. 나는 일주일에 3번 정도 마을 뒷산을 오른다. 그런데 갈 때마다 다른 길을 택한다. 한 달에 두 번 정도는 제법 큰 산을 오른다. 그때도 이 길 저 길을 살피며 오른다. 그러다보면 느끼는 것이 있다. 매 번 오르는 길이지만 한 번도 똑같은 적이 없다. 계절따라 시간따라 모두 다르다. 어제 다르고 오늘 다르다. 결코 똑같은 적이 없다. 나는 산에 오르며 그 미세한 변화를 느낀다. 그리고 그 변화에 내가 반응하는 것도 느낀다.

우리는 모든 길을 똑같은 속도로 갈 수는 없다. 굽은 길, 오르막 길, 울퉁불퉁한 길, 미끄러운 길 등 그 길의 특성에 따라 나의 발걸음에 변화를 준다. 환경에 적응하는 것이다. 마찬가지다. 내 주변 환경이 어떻게 변화하고 있는지 모르면 결코 자신의 변화는 기대할 수 없다. 결국 도태되는 것이다. 환경이 변화하고 있다는 것을 깨닫기 위해서는 세심한 관찰이 필요하다. 관찰이 어느 정도 이루어지면 자연스럽게 자신을 변화시키기 위한 꿈틀거림을 느낄 수 있다. 따라서 내가 매일 다니는 길, 매일 타는 버스나 지하철에서부터 오늘은 어제와 무엇이 변했는지 살펴보자. 매일 같은 시간에 보이던 여성이 보이지 않을 수 있고, 달라진 차창 밖 풍경들을 관찰하면서 하루를 시작하는 습관을 들이자.

좀 더 나은 미래를 위해 노력하는 사람들, 새로운 변화를 기다리고 찾는 사람들은 스스로 변화를 창조해야 한다. 주변 환경의 변화에 귀 기울이는 습관을 들여라. 변화를 일상의 원리로 받아들여라.

아침마다 변화를 관찰하게 되면 무척 재미있는 하루의 시작이 될 것이다.

스스로 변화를 만들어 가는 습관을 들여라

변화를 한다는 것은 무척 힘들다. 변화가 필요하다는 것을 잘 알고 있지만 막상 변화를 하려고 하면 용기가 잘 나지 않는다. 공포스러울 정도다. 일상에서 주변 환경의 변화에 대해 관찰이 세심하게 이루어진다고 해도 스스로에게 그 변화를 적용하기 위해서는 많은 노력이 필요하다. 변화를 두려워하는 것은 현재에 대한 미련 혹은 변화 후에 찾아올 낯설음 때문이다. 변화 후 현재보다 더 나빠지면 어쩌나 하는 두려움 때문이다.

"세상의 모든 것은 끊임없이 변화하느니라. 나 자신도 끊임없이 변해가고 있지 않은가! 그 변화에는 항상 힘든 고통과 고난이 따를 수밖에 없다. 그 고통을 극복한 사람만이 영원한 행복을 누릴 수 있다." 석가모니의 말이다. 변화에는 고통이 따르고 두려울 수밖에 없다. 하지만 그 고통을 극복해야 한다.

그러기 위해서는 앞에서도 언급했지만 변화는 일상에서 자연스럽게 이루어지는 것이다. 그렇기 때문에 변화는 일상의 원리라는 것을 인정해야 한다. 내 주변에 일어나는 변화에 대한 당위성을 인정해야 한다. 급격하게 변화를 해야 한다는 강박관념을 버려야 한다. 상황에 따라 속도를 조절하면 된다.

변화의 속도에 익숙해지면 스스로 변화를 만들어 가는 습관을 들여야 한다. 이 변화가 세상을 변화시킬 수도 있고 그렇지 않을 수도 있다. 큰 의미를 두지 말자. 나의 변화로 세상이 금방 변하리라고는 생각지 말자. 나의 변화로 인해 나의 삶도 빠른 시간에 큰 변화가 오리라는 기대를 말자. '자고 일어나니 유명인사가 되었다.'는 인생역전의 스토리는 꿈꾸지 말아야 한다. 왜냐하면 하루아침에 큰 변화가 일어나기 위해서는 그 전부터 수없이 많은 변화가 있어야 하기 때문이다. 결과만 놓고 보았을 때 '하루아침'이지만 그 과정은 그리 짧지 않다.

우리는 종종 연예계 뉴스를 보면 하루아침에 스타가 되어 대중들의 관심을 갖는 연예인들을 종종 본다. 그런데 그들은 스타가 되기 위해 오랜 무명생활을 통해 끊임없이 자신을 변화시켰다. 그 결과 사람들이 부러워하는 '하루아침' 에 스타가 된 것이다.

내 오랜 지인 중에는 하루에도 수없이 많은 변화의 꿈을 꾼다. 사업가, 문필가, 행정가, 환경운동가의 꿈을 꾼다, 어느 날은 작가가 되겠다며 작가가 되기 위해 자신을 변화시키겠다고 한다. 하지만 오래 가지 못한다. 어느 날은 좋은 사업아이템이 있다고 찾아와서 자랑을 한다. 역시 오래 못 간다.

나는 그 친구가 꿈꾸는 일마다 잘 되지 않는 이유를 곰곰이 생각했다. 그것은 꿈을 이루기 위해 자신을 변화시키는 것이 아니라, 꿈을 이룬 후에 변화된 자기 자신의 모습을 생각한다는 것이다. 사업아이템이 좋아 금방 대박이 날 것이고 많은 돈을 벌어 어떻게 살고 있을 자기 자신의 모습이 멋있어 보인다는 말을 늘 했다. 정작 사업아이템을 사업화할 생각의 변화가 없었다. 현재의 자기 자신을 변화시키지 않고 엉뚱한 변화만 바란 것이다.

스스로 변화를 만들어가기 위해서는 아무 것도 아닌 생각의 실천이 작은 변화를 만들어 낸다는 것을 명심해야 한다. 그 작은 변화들이 시간이 지나 훌쩍 성장해버린 자신의 모습이 되어 돌아올 것이기 때문이다.

'나비효과Butterfly Effect' 라고 하면 누구나 알고 있다.

나비의 날개 짓처럼 작은 변화가 폭풍우와 같은 커다란 변화를 유발시키는 현상을 말한다. 말하자면, 오늘의 나비의 날개 짓 같은 작은 변화가 미래에 폭풍우가 몰아치는 것처럼 큰 변화를 가져온다는 것이다.

지금은 미미하고 드러나지 않는 작은 변화가 나의 미래를 바꾸어 놓은 큰 폭풍우가 되어 돌아올 수도 있다는 것이다. 매일 혹은 일주일에 한 번씩 나에게 작은 변화를 주도록 하자. 걸음걸이에 변화를 주고, 전화 목소리에 변화를 주고, 인사하는 방법에 변화를 주고, 운전 습관에 변화를 줘보자. 당장은 큰 변화가 없다.

십일자 걸음걸이를 바르게 걷게 되면 6개월이 지나면 굽은 허리가 펴질 것이고, 씩씩하고 당당한 자세를 갖게 될 것이고 그로 인해 자신감이 생기게 될 것이다. 무뚝뚝한 목소리를 부드러운 목소리로 변화를 주면 오래지 않아 연인이 생길 수 있다. 친절한 사람으로 칭찬 받게 된다.

　결국 세상을 바꾸는 것은 자신의 작은 변화다. 나비효과처럼 자신의 작은 변화가 자신을 바꾸고 그로 인해 세상이 변화하는 것이다. '하루아침'에 스타가 되기 위해서는 폭풍우가 될 수 있는 나비의 작은 날개 짓부터 하는 습관을 길러야 한다.

　스스로 작은 변화를 가져오도록 습관을 들여야 한다.

배려하는 습관을 기르자

　"움켜쥐는 손보다 나누는 손이 아름답습니다. 욕심을 내려놓는 마음에서 행복이 시작됩니다."

　불교계 최초의 공익기부재단 '아름다운동행'에서 내세우는 자비나눔 정신에 관한 글이다.

　필자도 어려서부터 부모님에게서, 선생님에게서 귀에 못이 박히도록 듣던 말씀이 '너보다 어려운 사람에게 잘해야 한다'였다. 그만큼 필자가 성장했던 6,70년대까지만 해도 이웃과 나눠 갖고 어려운 사람에게 선뜻 손을 내미는 풍토가 사회에 가득했었다. 이렇게 말하면 '당신도 똑같은 꼰대군' 하는 소리를 들을 걸 각오하면서 필자는 요즘엔 남을 배려하는 사회 분위기가 많이 사라진 것 같다는 말을 하지 않을 수 없게 된다. 그만큼 남보다는 나를, 어려운 사람보다는 잘된 사람을 따르려는 풍토가 언제부턴가 우리 사회의 익숙한 모습이 된 듯한 느낌이다.

그런데 이거 아는가. 그렇게 쭈뼛쭈뼛 하면서 남에게 작은 배려의 손길을 보냈을 때 배려받는 사람보다 배려하는 내가 더 기분 좋고 뿌듯한 말로 형언할 수 없는 따뜻한 마음이 오래도록 가시지 않는다는 것을. 필자가 평소 자선활동이나 봉사활동을 열심히 하는 분들에게 다가가 물어보면 이구동성으로 하는 말들이 "제가 더 행복하고 배려받는 느낌을 받습니다."란 말이다. 그만큼 배려는 우리가 생각하는 것보다 사람들을 감동케 하고 공감하게 하며 위로받는 느낌을 강하게 받는다는 것을 알 수 있다.

세계적인 동기부여 전문가 앤드류 매튜스는 이렇게 말했다. "자신의 약속을 철저하게 지킬수록 더 강해진다. 다른 사람에게 영향을 미치고 싶다면 먼저 우리 자신을 믿어야 한다. 자신을 믿기 위해서는 자기가 한 말을 믿고, 또 말한 대로 행동해야 한다."

　사람들은 상대방을 이해하라, 이해하라 하면서 정작 자신의 입장에서 생각하고 행동할 때가 많다. 자신의 생각이 맞는다고 강요하기 때문에 상대방을 이해하지 못하고 다툼이 되고, 그 다툼 때문에 사이가 벌어져 사귀던 남녀가 헤어지기도 한다. 그만큼 상대를 이해한다는 것은 생각보다 어렵다. 상대방을 배려하지 않고 자기입장만 생각한 결과는 결국 황새와 여우 같은 꼴이 되어 버린다. 상대방에 대한 배려 중 기본은 약속을 잘 지키는 것이다.

　당신도 생활하면서 많은 약속을 할 것이다. 어떤가? 잘 지키는가? 친구들 만날 때 보면 늦는 친구는 항상 늦는다.

　상대를 배려하는 기본이 '약속'이기 때문에 우선 약속시간을 잘 지키는 게 기본이 바로 선 사람의 행동이다. 누군가와 약속을 했다면 최소한 10분 전에 도착하는 습관을 들이자. 늦게 도착해서 미안하단 말을 남발하며 체면이 깎이기보다 미리 도착해서 상대를 기다려 상대방에게 호감받는 사람이 되자. 이런 습관이 쌓여 당신에 대한 신뢰가 높아지는 것이다.

　상대를 배려하는 행동은 그리 거창한 것이 아니다. 일터에서 상대의 이름과 직위를 정확하게 불러 준다거나 도움받았던 일을 기억해 감사의 인사를 하는 것도 다 상대를 배려하는 작은 행동이다. 특히 사업하는 사람이나 정치인들은 상대방의 이름을 잘 기억함으로써 자신의 좋은 이미지를 각인시킬 수 있다. 클린턴 미국 대통령은 젊었을 때부터 사람 이름 잘 기억하기로 친구들 사이에서 정평이 나 있었다. 그는 대학교 때부터 인물노트를 만들어 그날 만난 사람들의 목록을 밤마다 정리하면서 만났던 사람들의 이름과 신상, 특성 등을 기록해 놓고 머릿속으로 기억해놓곤 했다. 클린턴은 대통령 선거에 처음 도전했을 때 선거 캠프의 주요 인사들의 이름을 일일이 다 기억했다. 그를 지원한 자원봉사자의 이름이며 신상정보까지 정확하게 기억해 사람들을 놀라게 했다. 캠프에 참여한 사람들은 자신의 이름을 불러주는 클린턴을 믿고 따랐다.

배려는 남을 먼저 생각하는 마음이다. 생활 속에서 상대를 생각하는 작고 사소한 행동들에 상대는 진심으로 고마워하고 사회는 보다 인간적으로 성숙해진다. 다리가 불편한 친구를 위해 천천히 함께 걸어주는 일. 수험생 자녀를 위해 텔레비전을 작게 틀어놓고 보는 일. 공공도서관에서 옆사람을 위해 조용히 책보는 일. 배려는 이처럼 작고 사소한 행동이지만 어려서부터 습관적으로 행동하지 않으면 자진해서 잘 하게 되지 않는 행동이기도 하다. 요즘처럼 핵가족 시대에 자녀 하나만 둔 부모들은 '내 자식 위주'의 안하무인식 자녀교육으로 점점 아이를 나밖에 모르는 배려 없는 사람으로 성장하게 한다. 무엇보다 배려도 돌고 돌아 나에게 영향을 미칠 수 있는 순환적인 관계임을 명심하자. 물론 남에게 어떤 베품을 받겠다는 생각에서 하는 배려가 아니라 그냥 순전히 상대에게 조그만 도움을 주는 자연스러운 돕는 일이 스스로 만족하고 공감하는 배려의 참된 모습일 것이다. 배려는 상대를 내 편으로 만드는 마법이라는 것을 기억하자. 오늘 이 순간부터 몸이 불편하거나 무거운 짐을 가진 사람이 있으면 무조건 도움의 손길을 내밀자. 당신의 배려가 도움을 받는 상대에게 있어 두고두고 고마운 일이 될 것이다. 작은 배려로 세상은 행복해지고 아름다워진다.

메모를 생활화하라

지금은 고인이 된 출판인 이창훈 선배의 집을 방문한 적이 있었다. 출판계의 전설답게 선배의 집 구석구석엔 책장이 빼곡히 들어차 있었고, 책장 가득 정말 다양한 책들이 즐비하게 꽂혀 있었다. 무엇보다 이 선배의 침실 침대맡에 놓인 메모장이 눈에 띠어 슬쩍 눈맞춤해 두고 차 한잔 하면서 선배에게 물었다.

"아니 침대맡에 메모장은 또 뭐요?"

그러자 선배는 예의 그 사람 좋은 미소를 띠며 숨겨둔 비밀을 들켰다는 표정으로 어눌하게 한마디 했다.

"내가 가방끈이 좀 짧잖아. 그래서 뭐가 생각나면 자꾸 잊어먹어. 그래서 생각날 때마다 이것저것 끄적이려고 펜하고 메모지는 꼭 갖다놔."

근데 이 선배의 메모장은 침대맡에서만 끝나지 않았다. 식탁 위에도, 책장 곳곳에도, 심지어는 화장실 변기 옆에도 어김없이 메모지와 펜이 놓여 있었다.

난 그날의 기억이 너무 인상적이어서 그때부터 내 잠자리 머리맡에 메모지를 놓고, 일하는 책장에도 메모지를 모셔(?)놓았다. 여기에 한술 더 떠 호주머니 한 켠에도 어김없이 메모지와 녹음기를 숨겨놓고 다닌다.

서정주 시인은 '나를 키워준 8할은 바람이었다' 고 했다. 그렇다면 나를 키워준 8할은 무엇일까? 뭐니뭐니해도 지금의 자유기고가로 날 만들어준 건 꾸준한 메모였다. 지금까지 단행본 기획작가로 생계를 해결하고, 자유여행가로 강의를 하고, 북컬럼리스트로 서평을 쓰는 내 밑천은 시도때도없이 끄적여놓은 몇 권의 메모장이다. 무엇보다 출판기획자라는 내 직업상 기발한 아이디어가 생명이고, 이를 기억해두기 위해선 특이한 걸 볼 때나 독특한 개성을 지닌 사람을 만날 때나 재미있는 이야기를 들을 때마다 메모하는 습관이 지금의 나를 만들었다. 물론 요즘엔 자꾸 요점을 빼먹는 나쁜 버릇이 생겨서 아예 녹음을 해놓는 경우가 더 많긴 하지만 그래도 8할은 메모이다.

　나는 이불 위에 늘 메모지와 필기도구를 놓고 잔다. 무엇보다도 TV를 보다가 기발한 콘텐츠라고 생각되면 우선 적어놓고 본다. 물론 잠결에 생각난 기발한 아이디어도 내 메모의 주요 손님이다. 가끔은 잘 풀리지 않던 글의 실마리가 불현듯 떠올라 급히 적느라 아내의 단잠을 깨울 때도 있다. 그러나 어쩌겠는가. 직업이 직업인 만큼 발상의 포착만큼 나에게 중요한 것은 또 없는 것임을.

　"저는 집에서 화장실에 갈 때도 꼭 휴대폰을 들고 갑니다."

필자가 잘 아는 어느 출판평론가의 말이다. 그는 앞서 말한 이창훈 선배만큼 메모의 달인이다. 그는 화장실에서 볼일을 보고 있는데 갑자기 기가 막힌 아이디어가 떠오르면 휴대폰에 녹음해두면 일을 보고 난 뒤에 그 아이디어를 구체화시키곤 한다.

아이디어는 꼭 메모할 수 없을 때 떠오른다. 꿈속에서, 운전을 하고 있을 때, 화장실에서 볼일을 볼 때와 같이 꼭 메모할 수 없을 때 떠오른다. 나중에 아이디어를 떠올리려고 해도 도무지 생각이 나지 않는다. 이럴 때를 위해서 만들어진 문명의 산물이 휴대폰이다. 휴대폰에는 메모, 녹음, 카메라 기능이 있다. 아이디어가 떠오르면 휴대폰에 대고 중얼거려라. 한 가지 더, 휴대폰에 간단하게 메모해둬라. 핵심 키워드만 메모해도 된다. 나만 알아볼 수 있는 상형 문자로 메모해도 괜찮다.

정리의 신으로 불리는 사카조 겐지가 〈메모의 기술〉에서 밝힌 '메모의 7대원칙'은 이렇다. 첫째, 언제 어디서든 메모하라. 둘째, 주위 사람들을 관찰하라. 셋째, 기호와 암호를 활용하라. 넷째, 중요사항은 한눈에 띄게 하라. 다섯째, 메모하는 시간을 따로 마련하라. 여섯째, 메모를 데이터베이스로 구축하라. 일곱째, 메모를 재활용하라.

어떤가. 하나 하나 다 보석같은 좌우명 아닌가.

성공한 사람들의 공통된 특징은 메모광이란 점이다. '기록이 기억을 지배한다.' 라는 말이 있듯이 성공하는 사람뿐만 아니라 누구나 메모는 생활 속에서 체질화되어야 한다. GE의 전 회장 잭 웰치는 냅킨에도 메모하는 사람으로 유명하다. "1등이 될 수 없는 사업은 모두 매각하거나 정리한다."는 아이디어를 처음 적은 것도 냅킨이었다. 삼성그룹 창업주인 이병철 회장도 언제나 본인이 쓴 메모장을 들고 다니면서 경영활동을 했는데 이건희 회장도 메모하는 것을 고스란히 물려받았다. 한때 이건희 회장은 휴대용 녹음기를 이용해서 회의내용이나 대화를 수시로 녹음을 한 것으로 알려졌다.

이제 당신도 기발한 아이디어건 꽉 막힌 생각의 굴레를 벗어나는 명철한 한 생각이든 떠오르면 모조리 메모하는 습관을 길러라. 메모의 기본은 기록이다. 이제 세상은 좋아져 핸드폰이라는 기발한 메모도구가 늘 당신 손 위에 놓여 있다. 기록하라. 성공하는 순간을 아낌없이 포착할 수 있을 때까지.

⋮   정리하는 습관을 갖자

　성공은 작은 디테일에서 완성된다. 우리는 산술적으로 100-
1=99라고 알고 있지만, 사회생활에서는 100-1=0이나 마이너스가
될 때도 있다. 바로 마무리 정리의 중요성을 강조하는 말이다. 이
말은 곧 "1%의 실수가 100%의 실패가 될 수도 있다"는 의미심장
한 명제이기도 하다.

　《디테일의 힘》을 쓴 왕중추는 "완벽한 모습을 보여주기란 매우
어려운 일이다. 작고 사소한 부분까지도 모두 완벽해야 하기 때문
이다. 반대로 자신의 이미지를 망치기는 아주 쉽다. 작고 사소한
부분을 무시하는 것만으로도 만회할 수 없는 심각한 타격을 입을
수 있기 때문이다."며 디테일한 마무리의 중요성을 강조하고 있다.

　직업이 출판인이다 보니 늘 부딪치는 문제가 바로 마무리 공정
이다. 출판 공정은 그야말로 디테일의 총결산이다. 원고 교정에서
부터 제작 사양 검토, 인쇄 공정, 제본 공정, 입고에 이르기까지 어
느 것 하나 소홀히 넘어갈 수 있는 과정이 없다. 필자도 사람인지
라 어떤 때는 너무 많은 일들이 몰려 본의 아니게 한 공정을 소홀
히 넘어갈 때가 있다. 그러면 어김없이 무슨 머피의 법칙이라도 걸

린 양 그 소홀한 부분에서 꼭 실수가 나오곤 한다. 딱 그만큼의 소홀함. 그것이 바로 편집인의 실력이고 정리의 소중함임을 엎질러진 다음에야 깨닫곤 하는 아둔한 편집자다.

정리는 바로 실력이다. 곧 마무리 정리가 잘 된 사람은 실력 있는 사람으로 인정받는다. 그 마무리는 평소 어떻게 습관을 들였느냐에 따라 생각보다 쉽고 무난하게 잘할 수가 있다.

지금 내 책상을 쭉 훑어본다. 업무처리 시 없어서는 안 될 컴퓨터와 프린터, 전화기가 있다. 모니터 받침 위에는 휴지; 고무줄, 서류집게가 놓여 있다. 받침 아래 공간에는 명함과 포스트잇, 책, 계산기, 스테플러, 음료수, 연필꽂이, 서류철, 달력 등이 있다. 모니터에는 달랑달랑 메모지들이 대여섯 개 붙어있다. 물론 다른 사람들 책상과 비교하면 그리 지저분한 것은 아닌데 막상 올려져 있는 물건들을 세어보니 참 많이도 있다. 여기에서 굳이 이 자리에 없어도 될 것들을 하나씩 치워본다. 남은 것은 컴퓨터 모니터와 프린터, 전화기뿐이다. 당신도 자신의 책상을 한번 둘러보라. 어떤 물건들이 놓여있는가.

정리는 자신과 상대방을 위한 배려다. 자신의 주변을 정리하자.

잡안을 둘러보자. 자리만 차지하고 딱히 쓸 일이 없는 처치 곤란한 물건은 없는지 살펴보자. 옷장 깊숙이, 있는 줄도 몰랐던 안 입는 옷들은 과감히 정리하자. 책장에 꽂혀 있는 책 중 읽지 않는 책들을 정리해라. 감명받은 좋은 책들을 다른 사람들에게 나누어 주어 감동을 함께 나눈다면 마음이 뿌듯해질 것이다.

책상 서랍을 정리해보자. 약속장소와 시간을 적어두었던 작은 메모부터 그토록 찾았던 아끼던 펜을 발견하는 횡재를 하게 될 지도 모른다. 덤으로 물건을 보며 추억을 되새겨 볼 수 있다. 잠시 옛 추억에 젖어보자.

집안을 둘러보자. 혹시 꼭꼭 문을 닫고 있지는 않은가. 집안에 정체된 공기를 바꾸자. 오래 묵은 공기는 건강에도 안 좋을 뿐더러 쾨쾨하기까지 하다. 특히 새로 지은 집도 환기가 필요하다.

근래에 이슈가 됐던 '새집증후군'과 더불어 새로 산 가구, 새로 산 옷, 새로 산 책 등 새 물건이 많을수록 환기가 필요하다. 새 물건에서 각종 유기화학물질이 나오기 때문이다. 이 물질이 인체에 해롭다는 것은 여러 매체를 통해 이미 알려진 바, 새것이 생기면 기분은 좋지만 건강에는 이롭지 않다. 하루에 3번 30~40분간 집안을 환기시키자.

　내 정리법의 원칙은 내가 무슨 일이 생겼을 때 내가 없어도 아무라도 어떤 물건이든지 손쉽게 찾을 수 있도록 정리하자는 것이다. 아기자기하게 꾸밀 줄 모르는 내 성격도 있겠지만 집은 가급적 꾸미지 않고 심플하게 한다.

　오늘 이 순간부터 가급적이면 책상 정리는 그때그때 하도록 하자. 서랍은 그룹 핑을 하는 것이 좋다. 첫 번째 서랍은 각종 문구류인 집게, 포스트잇, 지우개 등등, 두 번째 서랍은 지갑과 통장 등 개인물건, 마지막 세 번째 서랍은 노트와 파일 등으로 말이다. 이젠 정리다. 정리야말로 프로페셔널의 조건으로서 자기 브랜드 가치를 높이는 것이다. 내가 사는 집과 내 책상은 결국 내 얼굴이기 때문이다. 무엇인가 하고 싶은데 머릿속에 정리가 잘 안 되면 책상부터 차근차근 정리해보자. '정리하는 것이 뭐 큰 대수냐?' 라고 생각할 수 있겠지만 그 효과는 이미 검증된 사실이다.

　책상을 정리정돈하고 나면 기분이 개운하다. 스탠드 불빛 하나만 남겨두고 정리해보자. 생각했던 것보다 훨씬 만족감이 크고 금방이라도 독서하고 싶은 마음이 생길 것이다. 그리고 버리면서 살자. 어쩌면 버린다는 말에 '저는 하나도 버릴 것이 없는데요.' 라고 말하는 사람도 있을 것이다. 버리면 최적의 정리가 가능하다. 가급적 일 년 이상 안 쓰는 것들은 과감히 버리자. 옷이나 신발도 숨통이 트일 수 있도록 정리하자.

요즘은 정리정돈을 해주는 컨설팅 업체도 있다. 그만큼 정리정돈이 중요하다는 뜻이다. 방과 책상의 정리정돈은 스스로 해보자. 단순함 속에서 아이디어가 나오고 상상력이 나온다. 책상 위가 정리정돈이 되어 있을 때 집중이 더해져 책 내용도 집중적으로 이해할 수 있다.

지금부터 정리정돈 하는 습관을 가져보자. 정리정돈은 끝이 아니라 성공을 향한 시작점이라는 것을 기억해야 한다.

다름을 인정하는 습관을 기르자

분명히 말하지만, 우리는 '한민족' 임을 거부해야 한다. 현재 우리나라는 '단일민족국가' 가 아니다. 덧붙여 말하자면 앞으로 우리 주변엔 더 많은 다문화 가정이 늘어날 것이고, 더 많은 동성애자가 늘어날 것이며, 더 많은 루저들이 늘어날 것이다. 우리가 경제적으로 더 발전하고, 문화적으로 더 융성해질수록 내 생각과 다른 사람들이 더 늘어날 것이고, 지금까지 전혀 들도 보도 못했던 이상한 행동을 하는 사람들도 더 많아질 것이다.

이것이 선진국이다. 우리가 선진국으로 가면 갈수록 이데올로기 때문에 갈등을 빚고, 경제문제로 다투고, 성의 소외로 예기치 못한 사회현상을 맞이하게 될 것이다. 그래서 우리에겐 나와 다른 것들에 대해 이해하고 수용하고 의견을 나누는 타협과 배려의 습관이 더욱 절실할 수밖에 없다.

물론 나와 다른 피부색을 지닌 사람을 만나면 껄끄럽다. 내 생각보다 훨씬 반대편의 생각을 가진 사람의 주장이 마뜩치 않다. 나보다 더 가난한 사람들과 섞이고 싶지 않다. 나보다 몸이 성치 않은 장애인들과 어울려 사는 게 불편하다. 그런데 어쩌겠는가. 이 다름이 바로 우리가 살아가는 21세기의 모습일진대. 그래서 더욱 우리는 어려서부터 다문화 사람들과 어울리고, 몸이 불편한 사람들에게 기꺼이 도와주려고 하고, 사회로부터 소외받은 사람들의 얘기를 가슴으로부터 받아들이려는 노력을 해야 한다. 이제 우리는 그렇게 생활하지 않으면 또 다른 불통의 고집쟁이로 다양하게 변하는 다문화 다계층 사회에서 자유롭고 유연하게 생활할 수 없다.

세상의 모든 존재는 서로 모양만 다를 뿐 저마다 인격을 가지고 있다. 지식은 모든 것들에 내재해 있다. 세계는 자연이라는 책들이 꽂혀 있는 도서관이다. 거기에는 돌, 나뭇잎, 수풀, 시냇물, 그리고 우리와 함께 대지의 축복을 누리는 새와 동물들이 꽂혀 있다. 이 대자연의 역동적인 움직임 속에 지역 갈등도 있고, 다문화 갈등도 있고, 부의 갈등도 있고, 성性의 갈등도 있는 것이다. 그 갈등은 대자연의 거대한 경이 앞에선 한낱 인간의 작은 이기심에 불과한 것이다.

스스로를 용감하게 만들고 용기 있는 인간으로 승화시키는 것도 대단히 중요하지만 타인을 용감하게 만드는 것 역시 중요하다. 자신도 타인도 모두 용맹해져야만 사회 전반에 걸쳐 힘이 흐르고 전진의 기운이 태동할 수 있기 때문이다.

상대방을 용감하게 만들려면 무엇보다 먼저 상대방에게 희망을 갖도록 하는 것이 필요하다. 인간은 희망을 가지고 있을 때 얼굴에 윤기가 돌고 활력이 생기는 법이다. 타인의 마음에 희망이 샘솟게 하기 위해서는 그의 자신감을 부추겨 주는 것이 필요하며, 그를 중히 여기는 말을 계속 해 주어야 한다. 자신이 중요한 사람으로 인정받고 있다는 사실이 그를 새로운 사람, 희망에 찬 사람으로 변모시키기 때문이다. 마음 가운데 희망을 품은 사람은 반드시 용기를 발휘하게 마련이다.

다름을 인정하고 다름을 사랑하는 최선의 습관은 상대방의 이야기를 끝없이 들어주는 것이다. 자신의 주장이 남에게 인정받고 있다고 느낄 때처럼 사람의 마음이 고무되는 경우는 드물다. 자신의 완전함을 자랑하고 남에게 여유를 주지 않는 사람은 대인관계의 낙제생이라고 할 수 있다. 록펠러는 늘 어느 사람의 이야기건 간에 즐겨 들었다고 한다. '완전'은 남에게 질투를 느끼게 하며 너무 완전할 때는 스스로 적을 만드는 결과를 초래하게 된다. 페르샤의 명품 융단을 만드는 장인들은 예로부터 그 유명한 융단의 한쪽에 반드시 흠을 만들어 놓았다고 한다. 그 까닭은 "완전을 도모하면 악마의 질투를 받는다."라는 속담 때문이다.

"타인을 용감하게 만들기 위해서는 결코 나 스스로 완벽한 사람임을 강조하지 마라."라는 서양의 속담도 있다. 세상에서 가장 쓸모없는 말이 '나'이고, 가장 위대한 말이 '당신'이라는 이야기도 있다.

나를 대하는 상대방의 행동이 곧 나의 거울이다. 그렇기에 남을 탓할 것이 아니라 자기를 돌아볼 줄 아는 지혜가 필요하다. 이제 우리는 개개인의 됨됨을 그 자체로 인정하는 마음을 가져야 한다. 이 사람은 이렇게 저 사람은 저렇게 헤아릴 줄 알아야 한다.

내 마음의 눈이 열린 만큼 상대방을 볼 수 있는 법이다. 보통 사람들의 눈에는 상대방의 좋은 점보다는 나쁜 점이 더 잘 들어온다. 그러나 훌륭한 사람은 상대방의 탁월한 능력을 볼 수 있는 눈을 가졌다. 악인은 상대방의 악한 점을 보고, 성인은 상대방의 좋은 점을 본다. 좋은 점만 보려 하면 한도 끝도 없이 좋은 점만 보이고, 그릇된 점을 보기 시작하면 뭐든지 그릇된 것만 보이게 된다. 따라서 상대방의 장점은 칭찬해 주고, 부족함은 격려해 줄 수 있는 걸림 없는 마음을 지녀야 한다. 그것이 바로 스스로의 격을 높이는 일이다.

chapter 5
나만의 경쟁력을 키우는 공부 습관

⋮   네 번째 식사는 독서

인간이 길지 않은 인생을 살아감에 있어 중요한 것 중에 하나는 올바른 '사고思考'다. 현대는 사고의 중요성을 쉽게 알 수 있는 요소들이 많다. 학교에서는 창의적 사고, 논리적 사고, 비판적 사고 등을 요구하고 있다. 사회도 마찬가지다. 따라서 사고의 능력, 즉, 사고력이 얼마나 높으냐에 따라 그 사람에 대한 평가가 달라진다.

사고력을 기르려면 평소에 공부하는 습관을 들여야 한다.

이중에서 가장 손쉽게 공부할 수 있는 습관이 바로 독서다.

나에게는 '하루 네 끼 식사를 하는 데 그중 한 끼는 '활자活字'로 한

다' 라는 모토가 있다. 30분 이상, 하루에 한 번은 반드시 책을 읽는다.

책은 사회, 역사, 철학, 심리, 소설 등 분야를 가리지 않고 되도록 많은 책을 읽는 것이 사고의 방법을 형성하는 데 큰 도움이 된다. 하지만 처음부터 여러 분야의 책을 잃기가 쉽지는 않다. 처음에는 자신이 흥미를 느끼는 분야부터 '활자 식사' 를 하는 것이 좋다. 그러면서 서서히 영역을 넓혀 가는 것이 좋다. 선택의 폭을 넓혀 기존에 읽던 책과는 전혀 상반된 분야의 책을 읽다 보면 뜻밖의 아이디어를 얻을 수도 있다.

하루 30분 독서로 시작하라

"우리의 우뇌는 좌뇌보다 기억 용량이 1000배, 독서력 400배, 연산력 300배, 정보 처리 능력 1000배 정도의 능력이 많다."

1981년 노벨 생리 · 의학상 수상자인 로저 월컷 스페리Roger Wolcott Sperry, 1913~1994의 말이다. 그의 '좌 · 우뇌의 기능 분화설' 에 따르면 좌뇌는 언어 · 논리 · 수리 · 분석 등을 담당하는 이성뇌이다.

이에 반해 우뇌는 시공간 인식·상상이나 직감·시각·청각의 직관적 정보 처리·창조 등을 담당하는 감성뇌이다. 쉽게 말해 논리적인 면은 좌뇌가, 이미지화 된 것은 우뇌가 각각 관장하는 셈이다. 물론 좌·우뇌가 완전히 독립적으로 작용하는 것은 아니며 상호 정보 교환을 하며 교환의 정도 또한 사람마다 다르다.

우리나라는 전통적으로 우뇌형이 많다는 게 지금까지의 대체적인 연구 결과다. 그리고 전통적으로 우뇌적 성향을 가진 우리 민족이 지난 100년간 선진국인 유럽의 서구, 미국, 일본 등으로부터 전형적인 좌뇌형 교육을 받아왔다고 한다.

우뇌적인 폭발성, 과감성, 겁 없는 도전 정신, 직관력, 기민성, 이미지적 사고에 좌뇌적인 치밀함, 합리성, 객관성을 겸비하게 된 것이다.

그런데 우리는 일반적으로 좌뇌를 혹사시키는 경향이 있다. 좌뇌적인 치밀함, 합리성, 객관성을 위해 과도하게 신경을 쓰고 있다는 것이다. 추상화를 보면서 '이게 무슨 의미일까?' 고민한다. 친구의 말에 "이건 무슨 의미일까?" 밤새 해석하려고 애쓴다. 즉, 좌뇌를 총동원해서 해석하려고 하는 것이다. 당연히 머리가 아플 수밖에 없다.

혹사당하고 있는 좌뇌적 지성을 우뇌적 감성으로 부드럽게 할 필요가 있다.

그러므로 가끔씩 음악이나 미술, 연극이나 영화를 감상함으로써 우뇌를 적절히 활용해 균형을 맞출 필요가 있다.

나는 여기에 지친 좌뇌를 위해 우뇌를 자극하는 독서법을 제안하려고 한다. 좌뇌는 한 글자 한 글자 순서대로 직선적으로 읽게 된다. 하지만 우뇌 독서법을 익히면 한 글자 한 글자가 아니라 공간적으로 한 줄이나 두 줄을 전체적으로 파악하게 된다. 잭 읽는 속도 뿐 아니라 정보처리 능력, 전체적인 의미 파악, 창조성 등이 뛰어나게 된다.

우뇌를 효과적으로 자극하려면 유사한 책들만 읽지 말고 다양한 종류의 책을 단기간에 독파하는 것이 좋다.

대량의 정보를 지속적으로 입력해야 한다. 많은 정보가 우뇌에 입력되면, 우뇌는 그 정보들 간에 연결 특성을 찾아내어 정보를 가공하고 아주 새로운 정보를 추론해 내기도 한다. 가능하다면 1개월에 적어도 30권의 책을 읽는 것이 좋다. 1개월에 20권의 책을 읽으면 교양의 깊이를 더해준다. 30권을 읽으면 세상에 발표할 가치 있는 정보를 만들어 내는 힘을 기르게 된다.

책의 종류는 철학이나 역사 등의 교양서적, 경제 서적, 문학 서적, 엔터테인먼트 서적 등으로 매우 다양하다. 나는 우뇌의 독서법으로 닥치는 대로 아무 책이나 읽는 것을 권한다.

성공한 삶을 살기 위해서는 의식적으로 다양한 분야의 책을 읽는 습관을 들이라고 말하고 싶다. 분야를 가리지 않고 책을 읽으면 우뇌를 자극할 뿐만 아니라 뜻밖의 아이디어도 발견할 수 있다.

나는 독서를 습관화하기 위해 우선 '적어도 하루에 30분씩 독서하기'라는 목표를 정했다. 처음부터 1시간으로 목표를 세우면 실행하기 어렵다. 부담 없이 30분씩 읽는 습관을 들이는 것이 좋다. 그리고 책 읽는 시간을 따로 내기 어려운 사람들은 아침저녁 출퇴근 시간을 이용하면 된다. 평소보다 20분 일찍 집에서 나서면 만원 지하철이나 버스에 시달리지 않고 편안하게 앉아서 책을 볼 수 있다. 가방에 늘 책을 가지고 다니는 습관을 들여 보자. 자연히 책 읽는 횟수도 늘게 되고 시간도 늘게 된다.

그리고 독서를 할 때는 마음에 와닿는 문장이 있다면 메모해두는 것이 좋다. 그리고 문제의식, 주제를 갖고 책을 읽도록 습관을 들이자.

비중에 따라 책을 4단계로 구분하라

'서점에서 나는 늘 급진파다. 우선 소유하고 본다. 정류장에 나와 포장지를 끄르고 전차에 올라 첫 페이지를 읽어보는 맛, 전찻길이 멀수록 복되다. 집에 갖다 한번 그들 사이에 던져 버리는 날은 그제는 잠이나 오지 않는 날 밤에야 그의 존재를 깨닫는 심히 박정한 주인이 된다.'　　　　　　　　　　　　　(이태준 '책' 중에서)

　나는 당대 최고의 문장가라고 할 수 있는 이태준 작가를 좋아한다. 그리고 위에 인용한 문장을 읽을 때마다 심장이 두근거린다. 지금이라도 당장 서점으로 달려가고 싶은 심정이다.

　친구들이 종종 나를 보고 "참새가 방앗간을 못 지나치듯이 책방을 그냥 지나치지 못해"라고 말한다. 나는 정말로 서점을 발견하면 들르지 않고는 못 배길 정도로 책을 좋아한다. 서점에 들어가서는 제목이 마음에 들고, 좋아하는 저자의 작품이며, 살까 말까 망설여지는 책이면 무조건 일단은 사고 본다. 그 결과 일주일에 적어도 한 권은 구입하는 습관이 생긴 것이다.

　서점은 내게 단순히 책을 살 수 있는 '가게'의 개념을 넘어선다. 서점에 수많은 책들 속에서 그날 나의 간택을 당할 책 한 권을 고르는 일은 일생일대에 가장 진중하고 순수하며 복된 시간이다. 특히 내가 사고 싶은 책 중에서 오랫동안 누구의 손길도 닿지 않아 먼지가 앉았거나, 약간 색이 바랜 책을 만나게 되면 그 즐거움은 배가 된다. 그리고 진지하게 책을 고르는 사람들의 손, 불편한 자세지만 책을 읽고 있는 사람들의 그윽한 눈은 어떤 예술작품보다 훌륭하다.

나는 서점을 그냥 지나치지도 못하지만 서점에 가면 반드시 책 한 권은 사고 본다. 비록 이태준처럼 박정한 주인이 되는 한이 있어도 기어이 손에 넣고 본다. 그리고 나는 책을 고를 때 다양한 분야의 책을 고른다.

나의 서재에는 그동안 모은 책들이 내 나름의 기준에 따라 주제별로 정리되어 있다. 물론 읽은 책과 아직 읽지 못한 책들이 한데 섞여 있지만 나는 읽은 책과 그렇지 않은 책을 정확히 구분한다.

그리고 그때 그때 읽고 싶은 책을 골라서 읽는다. 그러다보니 몇 년째 읽지 못하고 책꽂이에 꽂혀 있는 책들이 있다.

만약에 모든 책이 내게 똑같은 비중을 차지한다면 그 책 전부를 읽어야 하겠지만 나는 그렇게 생각하지 않는다. 책도 그만의 비중이 있다. 귀(貴)하고 천(賤)한 개념이 아니라 각각의 책이 가지고 있는 역할이 다르다는 것이다.

내가 책을 읽는 요령은 이렇다.

'어려울 때 곁에 있어주는 친구가 진짜 친구다A friend in need is a friend indeed' 라는 말이 있다. 나는 그런 친구를 '마음의 친구' 라 부른다.

나는 책도 친구를 구분하는 것과 같이 '가벼운 사이' 부터 '알고 지내는 친구', '보통 친구', '친한 친구', '마음의 친구' 로 나눈다.

필요한 부분만 골라 읽는 정도의 책은 '알고 지내는 책', 한 번쯤 신중하게 읽어야 하는 책은 '보통 책', 여러 번 반복해서 읽고 싶은 책은 '친한 책', 나아가서 늘 가까운 곳에 놓아두고 싶은 책은 '마음의 책' 이라 명명한다.

나의 '마음의 책' 은 《카라마조프의 형제들》, 《고요한 돈강》, 《이청준 소설》, 《후지와라 신야》 책들, 노자, 장자 책 등이다.

효율적으로 독서를 하려면 책장에 있는 책들을 놓고 자신에게 있어 '친한 책' 과 '마음의 책' 이 무엇인지 분류해 보라. 물론 자신의 상황에 따라 책의 비중은 달라진다. 예를 들어 업무에 참고하려고 사두었던 '알고 지내는 책' 이 '보통 책' 이 되고, 나아가서 '친한 책', '마음의 책' 으로 책과의 교우 관계가 깊어지기도 한다. 또한 반대로 깊이가 얕아지는 경우도 발생한다.

책을 친구처럼 대하는 습관을 길러 인생의 동반자를 또 하나 얻는 기쁨을 맛보기를 바란다.

매직넘버 20% 독서법

사람은 성격, 외모, 지나온 삶, 가치의 기준이 다 다르다. 삶을 바라보는 바도 다 다르다. 따라서 아무리 좋은 삶의 방법이나 성공의 방식도 받아들이는 것이 다르다. 마찬가지로 아무리 좋은 책이라도, 베스트셀러라 하더라도 왜 읽어야 하는 지를 모르면 재미가 없다. 좋은 책이라고 읽기를 강요할 수 없다는 말이다.

책읽기에는 반드시 왜 읽어야 하는지, 왜 이 책이 나에게 중요하며 필요한지, 책읽기 자체가 즐거워서인지 아니면 특정 목적을 위해서인지 스스로 그 답을 아는 것이 중요하다.

책은 목적에 따라 읽는 방법이 다른데, 보통 다음 3가지로 분류된다.

① 속독

시간이 없어 대강의 내용만을 알고자 할 때는 쭉 훑어서 읽어라. 모든 문장을 완전하게 읽는 것이 아니라 책장을 비스듬히 놓고 요점부터 파악하는 독서 방법을 말한다.

그리고 속독은 자신의 지식을 기반으로 이루어진다. 그 분야에 아는 것이 많아지면서 다독을 하면, 속독이 된다.

② 탐독

업무와 연관되어 특정한 부분을 알고자 하는 경우에는 필요한 부분만을 찾아내어 그 부분만을 주의 깊게 읽어라. 이것은 책을 사전처럼 보는 독서 방법이다.

통독을 1단계와 2단계로 나눈다. 1단계 통독은 처음부터 끝까지 읽되 독서를 즐기고 어느 정도의 지식을 획득하는 독서법으로 주로 개요를 파악하는데 쓰이는 방법이다. 2단계는 책의 본질을 이해하고 논리적 사고력을 높이는 방법이다.

③ 정독

전문서나 철학서, 애독서 등을 차분히 음미하고 공부하는 독서 방법이다. 저자의 마음을 미루어 짐작하면서 읽거나 자신의 감정을 확인하면서 책장을 넘긴다. 이처럼 마음의 책은 여러 번 정독한다.

주로 어느 분야의 1인자가 쓴 논리적인 전문서를 대상으로 한다. 30시간의 정독은 그 분야의 전문가를 만든다고 한다. 가장 논리적 사고력이 커지는 독서 방법이기도 하고 주로 논리적인 책을 읽는

데 쓰인다. 철학책이나 인문도서를 읽을 때 사용하면 좋다.

위의 3가지 독서 방법을 필요에 따라 구분해서 사용하라.

많은 사람이 책은 반드시 시간을 들여서 읽어야 더욱 깊이 이해할 수 있다고 오해를 한다. 꼼꼼히 읽는 것과 시간을 들여서 읽는 것은 약간 차이가 있다. 속독법을 가르치는 학원들이 성황을 이루듯이 사실은 속독을 하는 편이 읽은 내용의 이해도는 높다.

많은 부모들이 아이에게 "그런 자세로 책을 읽으면 안 된다"라고 주의를 준다. 그것은 자세를 바르게 해야만 독서가 잘 된다고 생각하기 때문인데, 실제로 나는 전철 안에서 손잡이를 잡고서 읽거나 화장실이나 침대에서 자투리 시간을 이용해 읽는 편이 훨씬 집중이 잘 된다. 그러므로 자세나 환경은 독서의 이해도와 그다지 상관이 없다. 10분밖에 시간이 없어도 책을 읽을 수 있다.

중요한 것은 독서를 습관으로서 정착시키는 것이다. 독서는 익숙해지면 자세나 시간에 구애받지 않고 언제든지 할 수 있다. 또한 틈이 날 때마다 하는 독서가 의외로 머릿속에 오래 남는다. 어떤 독서든지 뚜렷한 목적이 있으면 그것으로 충분하다.

지능목록? 그대 또한 잘하는 것이 있다

우리는 흔히 재능 있는 사람을 이야기 할 때 탤런트talent 같다고 한다. 그런데 이 말은 원래 돈의 단위였다. 탈란톤talanton이라는 그리스 어에서 유래했는데, 육체노동자의 20년 치 임금에 해당하는 액수 다. 탤런트는 시간이 지나면서 돈과 관련된 의미가 사라지고 사람 의 내적 자원, 즉 재능을 가리키는 뜻으로 사용하고 있다.

그렇다면 우리는 얼마나 많은 재능을 가지고 있을까?

종이에 내가 할 수 있는 일을 적어보자. '젓가락질하기'와 같은 아주 사소한 것이라도 적어보자. 어쩌면 수천 가지가 될 수도 있 다. 너무 많다고 생각하면 생략해도 된다.

어느 정도 작성이 되었으면, 이제부터는 지우기를 하자.

내가 할 수 있는 일에서 다른 사람들도 할 수 있는 일을 지우는 것이다. 아마 대부분의 목록이 지워질 것이다. 목록 중에 다른 사 람들도 할 수 있지만 내가 더 잘 하는 것은 지우지 않는 것으로 하 자. 그렇게 부지런히 지우다 보면 지워지지 않는 몇 가지가 생긴 다. 이것은 다른 사람보다 내가 좀 더 잘하거나 나만이 할 수 있는 것이 된다. 한마디로 재능이다.

일반적으로 사람들은 자기 자신을 잘 안다고 생각하지만 실제로 보면 잘 알지 못한다. 종이에 내가 할 수 있는 일을 적으면서 스스로 깜짝 놀랄 것이다. 나에게도 이런 면이 있었나 하고 말이다. 자신에 대해 잘 모르고 있는 것이 수없이 많다는 것을 알게 될 것이다.

우리가 자신을 발견한다는 것은 쉽지 않다.

이제 좀 더 구체적인 것을 적어보자. 좋아하는 것, 잘하는 것, 남이 잘한다고 알아준 것, 그래서 자랑스럽게 생각했던 기억을 떠올려보자. 자신이 가지고 있는 능력과 힘에 대하여 조용히 생각해보자.

그리고 그 일과 관련하여 자신에게 주어진 탁월한 지능이 무엇이었는지 구체적으로 써서, 목록을 만들어보면 된다.

당신에게 특별하게 주어진 지능이 어떤 것인지 찾아내어, 자신의 '지능목록'을 만들어 보는 것이 중요하다.

그리고 모자라고 부족한 지능의 개발을 위해 힘쓰는 것보다 우선적으로, 이 탁월한 '지능'들의 개발에 힘을 써야 한다. 당신은 다른 사람보다 훨씬 빠른 시간 안에 이러한 지능이 필요한 일들을 이룰 수 있으며, 즐거운 마음으로 이 일들을 해낼 수 있다. '지능목록'을 만들 때는 자신에게 강한 것부터 목록을 구체적으로 써가는 것이 중요하다.

다른 사람의 표정이나 말투, 눈빛, 손의 움직임, 자세 등의 변화로 그 사람의 감정의 변화를 알 수 있는지, 혹은 집으로 오는 길에 있는 가로수의 종류나 나뭇잎의 모양, 자주 들르는 가게의 문 색깔, 아파트 베란다의 화분의 모양 등 한 번 본 것을 잘 기억하는지 등을 구체적으로 작성하면 된다.

"나는 읽는 것을 좋아하며, 내용을 다른 사람에게 들려주거나 재구성하는데 탁월하다. 상황을 묘사하는 가장 적절한 어휘를 찾아내는 데도 익숙하다. 사람들이 나의 말에 공감하고 신뢰하도록 만들 수 있다. 글을 쓰는 일도 쉽고 재미있다. 논리적인 글도 좋고, 감동적인 글도 좋다. 그리고 글쓰기가 가치있는 일이라는 지적 자부심을 가지고 있다.

나는 다른 사람의 말을 귀담아 듣는다. 대화 도중 말하는 사람의 감정의 흐름을 비교적 잘 느낄 수 있다. 어떤 주제든 여러 사람 앞에서 강의하는 것이 쉽고 재미있다. 또 청중들의 반응도 매우 좋아, 훌륭한 강사라는 말을 많이 듣는다. 알고 있는 것과 전달하는 것 사이의 괴리에 대해 비교적 자유롭다."

위에 적은 것은 나의 '지능목록' 이다.

이 지능목록을 통해 알 수 있는 것은 언어지능과 감성지능이 뛰어나며, 대인관계지능도 좋은 것으로 판단할 수 있다. 재능이라는 측면에서 볼 때, 교육가, 문필가, 카운셀러, 인성개발전문가, 컨설턴트 등의 영역에 적합하는 것을 알 수 있다.

또한 나는 이것이 완벽한 형태로 정리되었다고는 믿지 않는다. 그러나 시간이 지나면서 조금씩 보완되고 개발되어, 자신이 가지고 나온 재능을 십분 발휘할 수 있게 되는 좋은 계기가 될 수 있다.

지능목록을 작성하다보면 어떤 일을 잘 해낼 수 있는 재능이 자신에게 있는지 물어보게 된다. 만일 그것이 만족스러운 조합을 이루고 있다면, 꿈은 이루어질 가능성이 높다. 만약 이 조합이 잘 어울리지 않는다면 꿈을 수정하는 것이 좋을 수도 있다. 중요한 것은 별로 타고나지 못한 열등한 지능을 개발하는데 시간을 쓰기 보다는 좀 더 나은 재능을 개발하는 것이 더 효율적이며 성공 확률도 높다는 사실이다.

'하고 싶고, 잘할 수 있는 일' 을 찾아내는 것이 중요하다. 만일 지금까지 이것을 찾아내지 못했다면, 다시 한 번 자신을 돌아보면서 '지능목록' 을 만들어 봐야 한다.

:

문화를 즐기는 습관을 기르자

　문화를 즐긴다는 건 폭넓고 견고한 품격 높은 삶을 지향한다는
것이다. 무엇보다도 자신이 가장 자기다울 수 있고, 더불어 함께
생활의 즐거움을 만끽할 수 있는 데는 다양한 문화생활을 즐기는
것만큼 재미있고 유익한 것도 없을 것이다. 언제부턴가 우리 생활
주변에서 마시고 노는 위주의 소비성 문화가 아닌, 느끼고 체험하
는 경험형 문화공간들이 하나둘 자리를 잡아가고 있다.

　우리가 생활 주변에서 즐길 수 있는 생활문화는 크게 네 가지로
나누어볼 수 있다.

　먼저 독서를 중심으로 인문학과 문학행위를 하는 다양한 인문
학·문학 문화생활을 들 수 있다. 최근 다양한 대중 인문학 운동의
활성화와 함께 본격적으로 우리 사회에 등장하고 있는 인문학 독
서 문화 체험은 자신의 인문학적 교양을 쌓고, 나아가 회원들 간의
공감과 배려를 통해 '휴머니즘'을 몸소 깨닫고 느끼는 훌륭한 지적
소양을 키우는데 안성맞춤인 문화체험활동으로 발전하고 있다. 요
즘 활발하게 활동하고 있는 인문학 독서 모임으로는 '문학다방 봄
봄'에서 운영하고 있는 낭독 독서 모임과 숭례문학당의 낭독 모임,

'수유너머' 출신 고미숙 대표가 운영하는 공부모임인 '감이당', 마포 대안공동체의 인문학 공부 모임 등이 세간의 화제를 모으며 본격적인 인문학 문화활동을 주도하고 있다.

다음으로 갤러리나 카페의 예술문화 체험 현장을 들 수 있다. 갤러리나 카페의 예술문화 체험은 주로 미술관이 모여있는 인사동이나 관훈동, 홍대, 강남 일대의 갤러리에서 개별적으로 운영하는 미술 관람 문화운동이나 홍대나 신촌, 경기도 일대의 주요 카페촌에서 시행하는 다양한 인디문화운동 등이 대표적인 문화활동 사례이다. 이 문화활동 체험은 본인이 평소 즐기고 싶었던 예술문화체험을 기성화가나 문화인의 작품을 보면서 감상하고, 나아가 문화예술인들의 예술활동을 육성으로 직접 들으면서 보다 품격 높은 문화활동에 참여하는 행위이다.

셋째, 마음 비우기와 명상을 위주로 하는 마음수련 관련 문화이다. 마음수련 관련 문화는 과거 명상 관련 단체에서 집중적으로 행해 오던 '기 수련' 관련 행사와 불교계에서 일반인들을 대상으로 하던 '템플스테이 활동'이 주를 이룬다. 최근엔 이러한 마음수련 방식을 카톨릭에서도 차용해 '피사'라는 형태로 조용한 지방 성당에서 스스로 마음을 비우는 활동을 하도록 권유하고, 기독교에서도 지방 수련원 형태로 다양한 마음관련 종교 행위가 이루어지고 있다. 이밖에도 인사동의 '아루아 선'을 비롯한 남방불교의 '위빠싸나'나 인도 명상원 출신의 독특한 개성을 갖춘 마음수련 문화활동도 활발하게 이루어지고 있다.

넷째, 영화와 연극, 라이브 공연 등 공연예술을 관람하고 참여하는 참여형 문화예술활동을 들 수 있다. 문화예술 관람은 즐기는 연령대도 다양해 20대는 주로 영화감상 동우회 중심의 문화활동을 하고, 3040세대는 연극이나 라이브 공연 관람을 주로 한다. 물론 10대부터 20대, 30대까지도 각자의 취향에 맞는 아이돌 가수 공연이나 수준 높은 실험음악가들의 공연을 관람하면서 자신의 성향에 맞는 문화생활을 즐기고 있다. 또한 홍대나 신촌, 대학가를 중심으로 실험적이고 전위적인 다양한 인디음악이나 연극 공연, 독립영화 관람 등 개성 넘치는 문화취향을 마음껏 즐기는 신세대 문화감상자들도 차츰 늘어나고 있다.

다섯째, 지자체들이 정성들여 기획하고 시행하고 있는 다양한 문화예술인문학 문화체험 활동을 들 수 있다. 무엇보다도 지자체 문화행사들은 지역별, 연령대별 특색에 맞는 지역맞춤형 행사들이 주류를 이루고 있다. 요즘은 구청 문화센터나 지방 문화공연장 등에서 수준 높은 문화행사들이 끊임없이 열리고 있으니 자신의 취향에 맞는 공연이나 영화·연극, 강연회, 예술품 감상 등을 최적하게 즐길 수 있다. 지자체 관련 행사에서 주목할 만한 것들은 그 지역 시인이나 소설가, 예술가, 영화인 등이 주축이 되는 예술성 높은 문화행사를 무료나 저가로 즐길 수 있다는 점이다.

　문화는 습관이다. 지금 우리 교육에서 시급히 해야 할 일이 바로 '자신의 취향에 맞는 문화를 즐기는 법'을 가르쳐 주는 것이다. 사실 우리가 '문화 공연'을 알게 된 건 중고등학교 시절 '문학의 밤'이나 '학예회'가 거의 전부라 해도 과언이 아니다. 물론 이 행사들을 통해 우리가 '문화를 즐긴다'는 게 뭔지 감은 잡았지만, 이제는 보다 적극적이고 다양한 문화 향유의 방법을 가르쳐 줄 때가 되었다. 청소년들에게 문화 체험의 즐거움을 가르쳐 주는 것만큼 유익한 교육도 없을 것이다. 자라나는 청소년들에게 다양한 문화 공연과 문학 행위, 인문학 강연을 보고 듣고 즐기는 방법을 일찌감치 가르쳐 준다면 이들이 자라서 맞이하게 될 대한민국은 훨씬 더 풍성하고 질 높은 문화강국이 될 수 있을 것이다. 무엇보다도 소설책 한 권을 읽고 인생을 음미해보고, 음악 공연을 보고 자기만의 즐거운 공감을 할 수 있다면 이보다 더 좋은 문화 대한민국이 어디 있겠는가.

　나이가 들면서 굵어지는 것이 있고 단단해지는 것이 있다. 보통 다른 나무는 시간이 지나면 굵어진다. 그러나 대나무는 굵어지지 않고 위로 뻗어가며 마디와 함께 점점 단단해져 간다. 문화는 대나무의 단단함을 배우는 행위이다. 대나무는 아무리 세찬 바람이 불어도 부러지는 법이 없다. 차라리 꼿꼿이 선 채로 죽을지언정 부러지지 않는다. 문화도 그렇게 단단하고 꼿꼿하게 사는 법을 배우는 것이다. 대나무가 부러지지 않는 건 중심이 분명하다는 의미이듯, 문화로 단련된 인생은 자기 중심이 분명히 선 삶을 살게 한다. 문화를 향유하는 습관만큼 자신의 삶을 즐겁고 아름답게 가꾸어 주는 생활태도도 없을 것이다. 혼자서, 가족과 함께, 친구와 함께, 마음에 맞는 사람들과 함께 이 가을이 지나기 전에 자신을 마음껏 고양시키고 감동케 하는 문화의 세계로 빠져봄이 어떻겠는가.

chapter 6
의미 있는 나만의 시간을 만드는
시간관리 습관

1년을 13개월로 사용하는 방법

"시간은 말로써 나타낼 수 없을 만큼 멋진 만물의 소재이다."

"그날그날의 24시간이야말로 인생의 양식이다."

"당신이 소비할 수 있는 시간은 오직 현재, 지금 지나가고 있는 바로 이 순간이다."

시간관리론으로 유명한 아놀드 베넷의 말이다.

우리는 흔히 시간의 소중함을 표현하기 위해 "시간은 돈이다"라고 말한다. 그런데 나는 이 말은 사실 시간의 가치를 보여주기엔 다소 과소평가한 것이 아닌가 생각한다. 시간은 돈 이상의 가치를 지니기 때문이다. 돈은 시간만 충분히 주어지고 노력을 게을리 하지 않으면 얼마든지 벌 수 있는 것이기 때문이다.

그렇다면 그 귀한 시간을 우리는 어떻게 사용하고 있을까?

우리는 시간을 너무 흔하게 생각하고 아무렇게나 사용하고 있는 것은 아닐까?

곰곰이 생각해보면 우리는 한 번뿐인 인생의 대부분을 회사에서 보낸다는 것을 알 수 있다. 인생을 소중하게 생각한다면 다른 누구를 위해서가 아니라 바로 자신을 위해서 시간을 잘 활용해야 한다.

시간은 되돌릴 수는 없지만 관리할 수는 있다. 그러므로 시간이라는 유한 자원을 효율적으로 활용하는 방안을 모색해야 한다.

세상에는 불공평한 일들이 너무나 많다. 그러나 하루가 24시간이라는 사실만은 모두에게 평등하다. 모두에게 평등하게 주어진 시간을 어떻게 사용하는지에 따라 성공과 실패가 나뉜다.

그렇다면 시간을 어떻게 관리해야 할까?

영국의 작가 어니스트 베닛Ernest Bennett은 '하루는 트렁크와 같다. 사용 방법을 알고 있으면 그 안에 두 배의 물건을 담을 수 있다' 라고 말했다. 분명히 트렁크를 잘 정리하면 그냥 담는 것보다 두 배나 더 많은 물건을 넣을 수 있다. 큰 물건 사이에 작은 물건을 요령껏 끼워 넣는 것이다.

내가 시간을 만들어 내는 방법도 트렁크에 물건을 담는 것과 같다.

시간은 크게 2가지로 구분된다. 하나는 이미 스케줄이 정해진 시간으로, 그것은 대체로 업무와 관련되어 있으며 연월일 단위로 결정된다. 다른 말로 표현하자면 '예약이 끝난 시간^{time bookd}'이다.

예약이 끝난 시간에는 우선 회사에서 근무하는 시간이 있다. 그러한 시간은 회의나 면담, 출장, 사무 등을 하는 데 소요되어 자기 마음대로 없앨 수 없다. 건강을 관리하기 위해 헬스장 등에서 운동을 하는 시간도 빼놓을 수 없다. 물론 수시로 새로운 스케줄이 발생하기도 한다. 이러한 일정은 다이어리에 이미 기입된 '예약이 끝난 시간'들이다.

그리고 다른 시간이 있다. 그것은 아직까지 일정표에 기입되지 않은 '활용 가능한 시간^{time available}'이다. 중요한 것은 이 시간을 어떻게 사용하는지에 따라 자신이 실제로 가진 시간을 늘릴 수도 줄일 수도 있다는 사실이다.

하루에 적어도 8시간은 업무에, 7시간은 잠을 자는 데 보낸다. 그밖에 통근이나 식사, 목욕 등 생활에서 빼놓을 수 없는 행위에 시간을 소비하고 나면 계산상 자유시간은 극히 적다. 그러나 하루에 이루어지는 '활용 가능한 시간' 이나 '예약이 끝난 시간' 을 상세히 점검하면 5분 혹은 10분, 많을 때는 20분씩 자투리 시간이 존재하게 마련이다. 그것이 '시간의 구멍holes in the day' 이다. 이 구멍을 잘 사용하면 조각난 시간이기는 하지만 하루에 1시간이나 2시간을 덤으로 만들어낼 수 있다.

하루에 1시간이라도 한 달 동안 모으면 30시간이나 된다. 또한 그것을 1년 단위로 합치면 365시간이라는 귀중한 시간이 생긴다. 365시간을 날로 계산하면 15일이 된다. 이 중에서 수면 시간을 뺀 나머지 깨어 있는 시간만을 더하면 21일 분량이다. 거기에 주말까지 제외하면 한 달을 덤으로 얻을 수 있다. 하루에 발생하는 몇 분이라는 자투리 시간을 활용하는 것만으로 1년을 13개월로 늘리는 셈이다.

내가 아는 한 영국인은 '나는 바쁘다I am busy' 라는 말을 결코 입 밖에 내지 않는다. 그 대신 '나는 뭔가를 하고 있다I am occupied' 라고 말한다. 시간을 관리하는 사람은 늘 자신감에 차 있다.

오로지 나만을 위한 하루 2시간의 여유

"야, 언제 나올 거야?"

"왜 그래?"

"응, 약속이 하나 펑크 나서, 갑자기 시간이 남아. 빨리 나와."

"글쎄…… 지금은 안 되는데."

"에이, 할 수 없지 PC방에나 가야겠다."

아들 녀석이 친구랑 주고받는 SNS의 내용을 우연히 봤다. 아들과 만나기로 한 친구는 갑자기 생겨버린 시간에 어쩔 줄을 몰라하는 것이다. 나름대로는 오늘 하루의 약속을 잘 세웠겠지만 갑자기 비는 시간에 무엇을 할 것인지에 대해서는 생각지 못했다. 물론 갑자기 비는 시간을 잘 활용하는 사람들도 많다. 하지만 일반적으로 보았을 때 대처가 쉽지 않다. 이는 시간 관리에 익숙지 않아서 그렇다.

그런데 누구나 시간 관리는 하고 있다. 초등학생부터 성인에 이르기까지 시간 관리를 하지 않는 사람은 거의 없을 것이다. 생활계획표, 업무계획표, 일일계획표 등의 이름으로 시간을 관리하고 있다.

누구에게나 공평하게 주어진 24시간을 어떻게 하면 효율적으로 사용할 수 있을까, 많은 사람들이 고민을 하고 성공한 사람들의 이야기에 귀를 기울이고, 자기 나름의 방법을 동원한다. 하지만 시간 관리가 자기 뜻대로 되지 않는다. 계획한 대로 되지 않고 시간이 모자라기도 하고 시간이 너무 남아 주체를 못할 때도 있다.

성공한 사람들의 하루 활동시간은 평균 18시간, 즉 잠자는 시간 6시간을 제외하고는 모두 활용한다는 말이다. 그리고 그들은 시간 관리를 분 단위로 쪼개어 관리한다고 한다. 계획을 짤 때 1시, 2시처럼 시간 단위로 짜지 않고, 45분까지, 34분까지와 같이 분을 기준으로 계획을 짠다는 것이다. 이에 비해 가난한 사람들은 하루 단위, 심지어 일주일 단위로 나누어 계획을 짠다고 한다.

일반적으로 사람들이 계획을 짤 때는 오늘의 할 일을 정하고 시간을 정해두지 않는 경우가 많다. 여기서 좀 더 발전하면 오전에 해야 할 일과 오후에 할 일로 구분하는 정도다. 그 다음 단계가 나와 같이 시간 단위로 계획을 짜는 사람들이다.

그동안 나는 아침에 일어나면 제일 먼저 물 한 잔을 마신 다음, 오늘의 할 일을 적고 그 일에 시간을 배분한다. 오전 08:00 ~ 09:00 아침운동, 09:00~11:00 원고 쓰기, 11:00~12:00 자료 검색 등과 같이 하루에 해야 할 일에 대해 시간을 나누어 계획을 짜왔다.

그런데 나보다 더 고수들은 분으로 관리한다는 것이다. 예를 들면 10:05~10:25 프리젠테이션 준비, 10:25~11:25 마케팅 회의, 11:35~12:45 업체 식사 간담 모임 등으로 계획을 짠다는 것이다.

나도 요즘은 하루의 계획을 짤 때는 분 단위로 짜서 실행하고 있다. 처음에는 굉장히 낯설었다. 몸에 안 맞는 옷을 입은 것 같은 느낌이었다. 그런데 일주일이 지나고 나니까 오히려 분 단위의 계획이 편해졌다. 그리고 시간 관리가 효율적으로 변했다. 시간 단위로 계획을 짤 때보다 더 많은 일을 할 수 있는데, 시간은 오히려 더 여유로웠다.

분 단위로 계획을 세우면 자투리로 남는 시간이 줄어들고, 일의 연속성도 강해질 뿐 아니라, 집중력을 더 높일 수 있어 일의 효율성도 더 높아진다. 내 경우를 살펴보았을 때 평균 하루에 두 시간 정도는 여유가 생기는 것 같다. 나는 그 두 시간을 활용해 음악감상이나 독서를 하고 있다.

우리가 하루의 계획을 세우고 시간을 효율적으로 관리하기 위해서 노력하는 것은 누구를 위한 것인지 생각해보아야 한다. 직장생활에 충실하고, 누군가를 만나고, 업무 성과를 내기 위해 분주한 것은 따지고 보면 결국 나를 위한 것이지만 직접적으로 나를 위한 것은 아니다.

우리가 사용하는 하루 24시간 중에 자기 자신에게 투자하는 시간, 오로지 자신만을 위한 시간은 얼마나 될까? 처음부터 나를 위한 시간은 거의 없다고 할 수 있다.

물론 시간을 쪼개 저녁 퇴근 후에 친구들과 술 한 잔 하는 대신 어학원, 헬스장 등을 다니며 자기계발과 취미생활을 하는 것은 그나마 훌륭한 것이다. 자신을 위해 투자를 하고 있기 때문에 긍정적이다.

그런데 이런 자기계발에는 목적이 뚜렷해야 한다. 기간도 명확하게 설정해야 한다. 그렇지 않으면 이 또한 스트레스로 작용할 수 있다. 결국 그 시간 또한 낭비되는 시간이 되고 만다.

무엇을 하든 어떻게 시간을 보내든 그 시간에 대한 목적, 즉 '오로지 나만을 위한 시간을 갖는다'는 목적을 분명히 한다면 분명 도움이 된다. 나는 오늘의 나를 되돌아보자는 목적으로 모아진 두 시간을 이용한다.

여러분도 분 단위 계획을 세워 하루 두 시간의 시간을 얻길 바란다. 그리고 그 시간을 오로지 자신을 위한 시간으로 보내기 바란다. 그 어떤 시간보다 그 두 시간은 하루 중 가장 행복한 시간이 될 것이다.

반드시 하지 않아도 될 일을 가려내라

"김 부장. 오늘 3시까지 처리해줘요."

점심시간이 다가올 때 임원진에서 급하게 처리해달라고 일을 맡긴다면 여러분은 어떻게 할 것인가? 누구에게 그 일을 맡기면 좋을까?

'바쁜 일을 맡길 때는 바쁜 사람에게 부탁하라'는 말이 있다.

보통 사람들은 바쁜데 언제 그 일을 할 수 있을까 의심을 하게 된다. 그런데 바쁜 사람일수록 일을 정확하게 처리한다. 그리고 실제 직장에서도 바쁜 직원에게 바쁜 일을 부탁한다. 나도 경험상 바쁜 직원들이 일처리 능력이 뛰어난 것으로 안다. 바쁜 사람들은 그만큼 바쁜 일이 많기 때문에 빨리빨리 할 수밖에 없다. 그렇다고 일을 건성으로 하지는 않는다.

일을 천천히 하는 사람은 일을 미루고 마무리를 짓지 못하는 성향이 강하다. '바쁨'에 대한 인식의 차이가 많기 때문이다. 왜 바쁘게 해야 하는지 인지하지 못하는 경우도 많다. 엘리베이터 기다리는 시간이 아까워 계단으로 올라가는 사람들이 일을 빠르게 정확하게 해 낸다.

바쁜 사람들이 일처리를 잘 하는 이유는 개인의 능력이나, 지식,

학업과는 큰 상관관계는 없다. 하지만 시간 관리에 있어서는 특별한 능력이 있다. 바쁜 사람은 시간 활용을 잘 하는 사람이다.

깊이 생각하지 않아도 시간을 잘 사용하는 사람과 그렇지 않은 사람은 종합적인 능력 면에서 차이가 난다는 사실을 대부분의 사람들은 경험으로 알고 있다.

졸린 눈으로 매사에 의욕이 없어 보이는 사람은 능력이 없는 사람일 확률이 높다. 상사나 동료 모두 그것을 알고 있기 때문에 그에게는 중요한 일을 맡기지 않는다. 대부분 이런 사람들은 할 일이 있어도 할 일이 없어도 '빈둥' 거린다.

'생활의 달인' 이라는 TV프로그램을 보면 어느 한 분야에서 오랫동안 숙련되어 그야말로 '달인' 이 된 사람들을 보여준다. 그런데 '달인' 들은 모두 굉장히 바쁘다. 다른 사람들보다 몇 배 빠른 속도로 일을 한다. 그러면서도 정확도도 뛰어나다. 같은 기간을 함께 근무한 다른 사람들은 달인을 따라오지 못한다. 숙련도와 비숙련도를 따지기 이전에 '달인' 처럼 능력이 뛰어난 사람은 여러 가지 일을 동시에 해서 바쁘지만 시간을 유효하게 활용하는 방법을 잘 알고 있기 때문에 결과적으로는 업무를 빠르고 정확하게 처리한다.

그러면 항상 "바쁘다 바빠"라고 입버릇처럼 말하는 사람은 어떤가?

이러한 유형의 사람은 대체로 일을 생산적으로 하지 못하는 경향이 강하다. 업무를 끌어안고 있을 뿐 그것을 효과적으로 배분하는 능력은 떨어진다. 또 이런 유형의 사람은 어떤 일이 중요하고 덜 중요한지 판단하지 못하므로 일의 우선순위를 매길 수 없다. 그래서 마음만 조급할 뿐 손은 따라주지 않는 상태로 제자리만 맴도는 것이다.

또한 일부러 바쁜 척 하는 사람들은 업무와 관련된 일로 바쁜 것이 아니라 개인의 일로 바쁜 경우가 많다. 퇴근 후에 뭐하고 놀까, 점심은 뭘 먹을까, 어제 드라마에서 본 옷을 어디서 살 수 있을까, SNS에 올라온 글과 사진에 '좋아요'를 외치기 바쁘다. 역시 시간 관리를 전혀 하지 못하는 사람이다. 물론 일에 흥미가 없고 월급에만 흥미 있는 사람일 수 있다. 그렇다면 오래지 않아 백수 신세가 될 것이 뻔하다. 이런 사람들은 자신이 하지 않아도 될 일이 무엇인지 알지 못하기 때문이다.

또, 자신의 능력을 생각지 않고 이 일 저 일 모두 맡아서 골머리를 앓고 있는 사람도 있다. 바쁘게 열심히 일을 하지만 성과는 거의 없다. 이런 사람들도 하지 않아도 될 일이 무엇인지 빨리 파악하는 것이 중요하다.

업무를 할 때는 시간이 제한되어 있다. 그러므로 '자신이 무엇을 해야 하는지'도 중요하지만, 그와 동시에 '자신이 무엇은 하지 않아도 되는지'도 알려고 노력해야 한다. 경중에 상관없이 모든 일을 완벽하게 해결하려고 하면 시간을 효율적으로 사용할 수 없다. 자신이 하지 않아도 될 일까지 굳이 손을 대서 아까운 시간을 낭비할 필요가 있겠는가?

비즈니스 현장에서는 '반드시 해야 할 일'을 정했으면 그 다음에는 '굳이 하지 않아도 될 일'을 가려내는 결단력을 발휘해야 한다.

그러므로 성공하려면 반드시 자신이 하지 않아도 될 일을 걸러내는 판단과 그것을 단행할 수 있는 용기를 습득하고 이를 습관화해야 한다.

집중력을 키워라 - 한 번에 한 가지의 법칙

非澹泊無以明志 비담박무이명지

非寧靜無以致遠, 비영정무이치원

"담박하지 못하면 뜻이 밝지 못하고, 고요하지 않으면 멀리 생각할 수 없다.”

삼국지의 제갈량諸葛亮이 한 말이다.

여기에서 ‘담박澹泊’은 욕심 없이 맑은 상태를 말하고 ‘영정寧靜’
은 편안하고 고요한 마음가짐을 말한다. 집중의 마음가짐이 어떤
것인가를 가장 잘 설명한 말이다.

이처럼 집중한다는 것은 쉽게 들뜨거나 충동적으로 행동하는 것
이 아니라, 고요하고 냉철한, 안정된 마음이 필요하다.

얼마전 인천에선 아시안게임이 한창이었다. 각 종목마다 결승전
을 보면 코치와 감독들은 선수에게 매 순간 집중을 요구하고 있다.
한 번에 한 가지만 생각하라고 주문하는 모습을 볼 수 있다. 어떤
상황에 처하든 ‘집중을 하겠다’, ‘집중할 수 있다’ 는 마음가짐을
갖는 것으로부터 집중은 시작된다.

나는 어떤 일을 하다가 언뜻 시계를 보니 시간이 30분도 채 지나
지 않아 깜짝 놀란 경험이 많다. 반대로 30분 정도 지났겠지 생각
했는데 2시간이 훌쩍 지나버려 놀란 적도 많다. 그것은 내가 그 일
에 그만큼 집중하고 있었다는 것이다. 집중을 하면 같은 1시간을

가지고도 두세 배나 높은 효과를 볼 수 있다. 일의 효율은 더 이상 말할 것도 없다.

어떤 일에 집중할 수 있는 습관을 기르면 어렵고 힘든 일도 집중해서 어렵지 않게 해결할 수 있다.

나는 업무에 집중하는 시간을 의도적으로 만들어내는 방법을 일컬어 '한 번에 한 가지의 법칙'이라 한다. 이 법칙을 토대로 큰 문제에 매달릴 때에는 일체의 다른 잡음은 제거하고 그 일에만 집중할 수 있다.

집중력에 관한 유명한 일화가 있다. 고대 그리스의 수학자 아르키메데스는 목욕탕의 물이 넘치는 것을 보고 부력을 발견했다. 그는 너무나 기쁜 나머지 발가벗은 채 "유레카!"라고 외치며 뛰쳐나왔다. 자신이 실오라기 하나 걸치지 않고 있다는 사실조차 의식하지 못한 채 말이다. 그것은 그가 오로지 한 가지만을 생각하고 있었기 때문이다.

아르키메데스의 일화처럼 한 가지 사건에만 집중을 하고 있으면 일상생활을 하다가도 불현듯 뭔가를 깨달아 그것이 큰 업적으로 이어질 수 있다.

어떤 작가는 재미있는 스토리를 꿈으로 꾸면 그것을 메모해 둔다고 한다. 그런데 아무리 생각해도 그날 꾼 꿈의 다음 스토리에 관해 좋은 아이디어가 떠오르지 않으면 다음 날 계속해서 잠을 청한다. 그러면 정말로 그 후속편을 꿈으로 다시 꾼다는 것이다. 그것은 잠재의식의 힘이다. 집중하면 잠재의식을 자신의 것으로 만들 수 있다. 잠재의식은 잠을 자고 있는 동안에도 새로운 발상을 할 수 있게 도와줄 정도로 시간을 활용하는 데 매우 유효하다.

힘은 집중해야 나온다. 집중해야 할 때는 밥 먹고 잠자는 것도 잊을 정도로 매진하라. 그것이 자신 안에 숨겨진 무한한 가능성인 잠재의식을 자극해 생각지도 못한 아이디어와 능력을 이끌어내는 방법이다.

나의 경우에는 1시간에 한 건을 해내기 위해 주변을 정리 정돈한 이후에는 최대한 집중해서 그 업무에 매달리는 습관이 있다. 어떤 작가는 자료를 산처럼 쌓아놓고 원고용지를 책상 위에 놓은 뒤 담배를 한 대 피우고 나서 글을 쓰기 시작한다고 한다. 그것도 집중을 하고자 자기암시를 거는 일종의 습관이다.

집중력은 선천적인 능력이라기보다 훈련된 습관이라고 할 수 있다. 일반적으로 집중력을 키우려면 다음 3가지 습관을 들여야 한다.

① 선택한 업무에 대해 흥미나 관심을 고조시킨다.
② 선택한 업무의 의의나 중요성을 되새긴다.
③ 자신이 집중하기 쉬운 바이오리듬에 맞는 시간대에 일을 한다.

: 아침 1시간을 활용하는 방법 - 한 번에 여러 가지의 법칙

현대는 컴퓨터가 일상생활에까지 깊숙이 침투해 있다. 컴퓨터 덕분에 특별히 집중해서 해야 할 일이 아닌 경우에는 동시에 여러 가지 일을 처리할 수 있다. 나는 한꺼번에 여러 가지 일을 하는 행위를 '한 번에 여러 가지의 법칙'이라고 부른다.

나의 아침은 전형적인 '한 번에 여러 가지의 법칙'으로 시작된다.

아침 출근 시간에 욕실에서는 면도를 하면서 신문을 보고, 화장실에서는 볼일을 보면서 책을 읽는다. 식사를 할 때는 눈으로는 TV를 보기도 하고, 라디오를 듣기도 한다. 그러면서 상대방의 이야기에 맞장구를 쳐주기도 한다.

출근하는 자동차나 전철 안에서는 비즈니스나 교양 관련 서적을 읽는다. 피곤할 때는 클래식 음악을 들으면서 마음에 영양분을 공급해주기도 한다.

'한 번에 여러 가지의 법칙'은 통근이나 식사 등을 하는 시간에 다른 행동을 같이 하는 시간 활용법이다. 그렇게 하면 자투리 시간을 많이 만들어낼 수 있다. '자투리 시간'과 '한 번에 여러 가지의 법칙'을 활용함으로써 시간을 매우 유효하게 쓸 수 있다.

그런데 '한 번에 여러 가지의 법칙'은 시간이 없어 허둥대는 것과는 다르다. 시간의 여유가 있음에도 '한 번에 여러 가지의 법칙'을 하라는 것은 우리의 뇌를 좀 더 활성화 시키자는 것이다. 또한 아침 시간을 잘 활용하자는 것이다.

시간 관리를 잘하면 인생을 바꿀 수 있다는 것은 누구나 아는 사실이다. 10년, 20년, 30년 장기적인 시간 관리도 중요하지만 가장 기본이 되는 것 중의 하나가 '아침시간관리'다. 아침은 머리가 가장 맑은 시간이다. 잠을 편안하게 자면 우리는 기상 후 2~3시간에 최고의 집중력을 발휘할 수 있다고 한다. 따라서 아침 시간 1시간은 하루를 결정짓는 가장 중요한 시간이다.

우선 우리가 만족스러운 아침 시간을 보내고 싶다면 잘 자야 한다. 그러기 위해서는 평균 6~8시간은 자야 한다.

잠이 부족하면 아침 출근 시간에 전철이나 버스에서 꾸벅꾸벅 졸게 된다. 회사에 출근해서도 피곤은 쉬 가시지 않는다. 멍한 상태로 오전을 보내게 되고, 오후가 되면 식곤증으로 책상에 앉아 졸게 된다. 퇴근 후 회식은 피곤한 몸에 결정타를 날리게 된다. 하루하루가 지치고 힘든 일상의 반복에서 벗어나기 힘들다.

어느 한 부분에서 고리를 끊어야 한다. 그것은 아침 시간이다.

한 번에 여러 가지를 하다보면 시간 관리도 될 뿐 아니라, 아침이 여유로워진다. 그것은 삶이 여유로워지고 풍요로워진다는 것이다. 행복한 하루가 시작된다는 것이다.

'한 번에 여러 가지의 법칙'은 아침 시간에만 적용되는 것이 아니다. 업무를 할 때도 스스로 모든 일을 처리하는 것이 아니라 부하 직원이나 다른 부서에 업무를 맡기거나 아웃소싱을 활용한다. 이것은 '한 번에 여러 가지의 법칙'을 응용한 예다.

직장에서 이 법칙을 실행하면 처음에는 다소 비굴한 느낌이 들 수도 있다. 다른 사람들에게 부탁 아닌 부탁을 해야 하기 때문이다. 부하 직원에게도 부탁을 해야 하기 때문이다. 사람들 중에 천성적으로 아랫사람에게 부탁하는 것을 못 견뎌 하는 사람들이 많다. 최소한의 자존심이라고 생각하기 때문이다. 그러나 그것이 습관화되면 아무렇지도 않다. 비굴한 생각이 드느냐 그렇지 않느냐는 목적의식의 강약과 습관화에 따라 좌우된다. '한 번에 여러 가지의 법칙'에 따라 실천해서 그것이 습관이 되면 자연스레 시간을 활용하는 방법을 습득할 수 있다. 가장 중요한 것은 우리에게는 시간이 정해져 있으며 그것을 얼마나 잘 활용하는지가 인생의 성패를 결정한다는 사실이다.

시간을 구분해서 활용하고자 이런저런 것을 시도하는 행위는 그 것만으로도 상당히 즐겁다. 주위를 둘러보면 시간에게 농락을 당하는 '시간의 노예'나 스스로 시간을 만들어내지 못하는 '시간의 거지', 남의 시간을 너무나 태연스럽게 훔치는 '시간 도둑'이 많다.

여러분은 시간의 주인공으로서 당당히 그것을 활용하는 '시간 부자'가 되기를 바란다. 그러기 위해서는 시간에 끌려가는 것이 아니라 시간을 이끌고 주도적으로 나아가야 한다. 어떻게 하면 시간을 잘 활용할 수 있을지에 대한 고민과 실천이 따라야 하고, 자기 검증이 있어야 한다.

하루는 24시간으로 누구나 평등하지만 어떻게 쓰느냐에 따라 28시간이 되기도 하고 30시간이 되기도 한다.

충실한 인생이란 시간을 성실하게 쓴 삶을 말한다. 그러한 인생을 살려면 먼저 자신이 어떻게 시간을 보내는지 점검한 뒤 자투리 시간을 찾아내야 한다. 그리고 나서 '한 번에 한 가지의 법칙'으로 집중하고 '한 번에 여러 가지의 법칙'으로 여러 가지 일을 동시에 처리하는 습관을 들여 보면 어떠한가?

하루에 10가지 할 일을 메모하라

안철수는 책을 읽으면서 먼저 자신만의 느낌과 관점을 메모한다.

책을 읽으면서, 회의를 하면서, 길을 걸으면서,

또 차 안에서 언뜻언뜻 떠오르는 생각이나 아이디어를 메모한다.

메모를 하면서 지엽적인 문제들에 대한 해결책과 아이디어를 얻는다.

보다 큰 고민은 메모보다 글을 쓰는 데서 나온다.

글을 쓰다보면 큰 결정들과 장기적인 전망과 안목, 시야에 대한 힌

트를 얻을 수 있다는 것이다.

　　　　　　　　　　　　　　　-《한국의 메모 달인들》중에서 -

안철수뿐만 아니라 성공한 사람들의 공통점 중 하나가 메모습관
에 대한 이야기가 많다는 것이다. 그만큼 메모하는 습관의 중요성
에 대해 말해주는 것이라고 하겠다.

"똑똑한 머리보다 멍청한 메모장을 믿어라."는 독일 속담이 있다.
세계적으로 머리가 좋기로 유명한 아인슈타인도 자신의 집 주소
부터 사소한 것까지 수첩에 메모를 하고 다녔다고 한다. 잊어버리

고 후회하는 것보다 메모해주는 것이 현명한 일이다.

나 역시 메모를 하다 보면 생각도 정리되고 오래 기억 됨을 경험을 통해 알 수 있다.

나는 20대 초반부터 메모의 습관을 들였다. 특히 아침마다 메모장을 보며 그날의 스케줄을 확인하는 것으로 하루를 시작하는 습관은 아직도 유지하고 있다. 나는 메모장을 보면서 우선순위가 높은 순으로 5~10개 항목을 별도의 메모장에 다시 옮겨 적어 외투 주머니에 넣고 출근한다. 그것은 업무 능률을 확실히 높여준다.

긴급도가 낮은 일에 대해 고민하지 않아도 되기 때문에 해야 할 일만을 명확하게 처리한다. 또한 '한 번에 한 건의 법칙'으로 할 일을 순서대로 집중해서 처리한다. 목표를 달성할 때마다 아침에 기록해둔 메모를 사선으로 지워나감으로써 성취감도 느낀다.

물론 때로는 계획한 과제 중에서 두세 건이 남기도 한다. 그러나 남은 일들은 긴급도가 낮기 때문에 다음 날 해도 크게 문제가 되지 않는다. 가끔은 시간이 흘러 자동적으로 해결되는 경우도 있다.

오늘의 할 일 중에 중요도와 긴급도를 고려해 10가지 업무의 우선순위를 정하게 되면, 불필요한 업무에 신경 쓰지 않고 중요한 업무에 우선적으로 매달릴 수 있다. 그것이 시간이라는 유한 자원을 효율적으로 사용하는 나의 비결이다. 시간이란 '존재하는 것'이 아니라 관리하고 '만들어내는 것'이다. 충실한 인생이란 그렇게 생성한 시간을 120% 유효하게 활용하는 것이라고 생각한다.

인생에 승자가 되고, 행복한 삶을 꿈꾼다면 주어진 시간만으로는 힘든 경우가 많다. 따라서 예비로 확보하고 있는 시간이 많으면 많을수록 유리하다. 그렇기 때문에 일의 우선순위를 정해 시간을 효율적으로 활용해야 한다.

초등학생들은 아직 시간 활용 개념이 없기 때문에 일의 우선순위에 대한 개념도 없다. 나의 어릴 때 생각을 해보면 친구들과 노는 것이 우선이었다. 그리고 TV를 보며 야단을 맞다가 결국 정말 중요한 숙제를 못해 다음 날 선생님께 혼난 기억이 있다. 지금의 아이들도 그럴 것이다.

일의 우선순위를 파악하는 것은 학습과 노력에 의한 습관이 길러져야 가능한 것이다. 성인들도 습관을 들이지 않으면 초등학생들과 큰 차이가 없게 된다. 이러한 습관을 기르는데 가장 좋은 방법은 오늘의 할 일에 대해 메모를 하는 것이다.

⋮   리커버리 샷으로 승부하라

　사람들은 인생을 아름답게 산 사람들, 성공한 사람들에 많은 관심을 가지고 있다. 그래서 그들의 이야기에 귀 기울이고, 찾아서 읽게 되는 것이다. 그들의 이야기를 통해 나의 인생을 돌아보고 앞으로의 삶을 그려보기도 한다. 사람들이 그들의 삶에 매료되는 이유는 그들이 인생을 아름답게 살았기 때문이거나, 부와 명예로 성공한 삶을 살았기 때문이 아니다. 그러면 무엇이 그들의 인생이야기에 빠져들게 했을까? 그것은 역경이다. 역경에 빠지고 그것을 극복해 나가는 과정에서 우리는 그들의 이야기에 매료되는 것이다.

　사람들의 미래는 누구나 불확실하고, 불투명하다. 그렇기 때문에 현재에 안주하지 못하고 답을 찾기 위해 계속 움직이게 되는 것이다. 그리고 그 답을 성공한 사람들의 이야기에서 찾으려고 하는 것이다.

　자신에게 역경이 닥쳐왔을 때 어떻게 대처해야 할까?

　첫째는 자신이 처한 환경을 변화시키고, 둘째는 아예 그 환경에서 벗어나는 것이며, 셋째는 스스로 좋은 쪽으로 마음을 바꾸는 등

의 3가지 방법이 있다. 아주 일반적인 방법이다.

자신이 처한 역경이 닥친 환경을 바꾸는 것은 사실상 어렵다. 그렇다고 해서 그 환경에서 도망치는 것은 비겁하다. 가장 바람직한 방법은 스스로 마음을 바꾸는 것이다. 그것이 가장 간단하면서도 비굴하지 않다. 심기일전心機一轉하라는 말이다.

러시아의 대문호 도스토예프스키도 "좋다고 너무 기뻐할 필요도, 나쁘다고 너무 비관할 필요도 없다"고 말했다. 역경이 닥쳐왔다고 해서 낙담할 것이 아니라 그것을 통해 인생을 배울 수 있는 기회라고 생각하라는 것이다. 단지 자신의 능력을 향상시키기 위해 앞으로 나아가면 그만이다.

이번 진급 심사에서 회사 동기들은 모두 진급을 했는데 나만 진급하지 못했다면 직장인으로서는 심각한 역경의 상황에 처해진 것이라고 하겠다. 이런 상황에 처하면 많은 사람들이 이직을 고민하게 된다. 자존심에 큰 상처가 된다. 자신의 업무 능력이나 생활 태도에 대한 반성과 자책으로 슬럼프가 꽤 길게 이어질지도 모른다.

심기일전 해보자.

지위가 낮다고 하는 것은 책임이 상대적으로 가볍기 때문에 진급한 동기들보다 시간적으로 여유가 생긴다. 그 시간을 자신을 재충전하는 데 사용해보면 어떨까?

불운은 앞으로만 내달리던 자신을 되돌아보고 갈고 닦을 수 있는 좋은 기회다. 인생은 길다. 그러므로 눈앞의 일에만 너무 얽매이지 마라. 시련은 시간이 흐르면 자연스레 지나간다.

나무는 혹한의 겨울을 거쳐야 단단해진다. 사람도 그와 마찬가지로 역경을 통해 더욱 성장할 수 있다. 이렇게 생각하면 심적으로 조금은 여유가 생기지 않겠는가? 역경에 굴복할 것이 아니라 그것을 오히려 자기편으로 만들어보라.

힘을 축적해 통쾌한 리커버리 샷Recovery Shot을 날릴 수 있지 않겠는가.

사람은 대체로 일이 순조롭게 진행될 때는 자신감이나 의욕에 차서 적극적으로 매사에 도전한다. 그러나 일단 역경에 처해지면 절망하거나 포기하고 소극적으로 변해 무슨 일을 하든 실패할 뿐이다.

역경을 이겨내려면 자신을 객관적으로 바라보는 습관이 필요하다. 심기일전해야 한다. 그것은 마음의 '여유로움'에서 비롯된다. 이 여유로움은 풍요에서 오는 여유로움이 아니다. '객관화'에서 온다. 다시 말하면 자신의 처한 환경이나 상황, 그리고 자신의 능력 등을 객관화 시켜서 냉철하게 바라볼 수 있는 여유로움이다.

　대부분의 사람들은 자신에게 매우 관대하다. 이 관대함은 타성에 젖게 하고 자신을 더욱 큰 역경으로 몰고 갈 수 있다. 자신을 객관화시킬 때는 아주 냉철하게 바라보아야 한다. 포기하지 않는 마음가짐에서 자신을 객관적으로 바라보게 되면 분명 멋진 리커버리 샷으로 승부를 걸 수 있을 것이다.

chapter 7
행복한 인간관계를 만드는
나만의 생활습관

아날로그적 삶의 태도를 기르자

언제부터 우리는 잊어야 할 것과 잊혀져서는 안 될 것을 혼돈하면서 사는 것 같다. 사람과 사람 사이의 진정한 관계, 자기만이 간직하고 있는 소중한 그 무엇, 절대로 양보할 수 없는 자기만의 삶의 원칙 등 중요한 것들이 하나둘 빛을 잃어가는 세태는 바로 이 시대가 아날로그적 삶의 태도보다는 디지털화된 이미지의 세계를 선호하기 때문이라는 생각이 든다.

세계적인 문명비판론자인 칼 포퍼는《열린 사회와 그 적들》에서 인간의 역사는 열린 사회와 닫힌 사회의 투쟁의 역사라고 말하고 있다. 포퍼는 근대 문명은 근본적으로 열린 사회의 닫힌 사회에 대한 승리에서 비롯되었다고 말했다. 시민의식이 성숙해지고 민주주의가 제대로 발현되는 사회일수록 시민들은 열린 사회를 향해 나아가며, 반대로 기존의 권위와 기득권적인 수구 질서가 강하게 자리 잡고 있는 전제화된 사회에서는 닫힌 사회의 붕괴가 쉽사리 이루어지지 않는다고 말했다. 포퍼의 말대로라면 그동안 우리 사회는 열린 사회로의 눈부신 발전을 이루어 왔다고 할 수 있을 것이다.

1987년의 6월항쟁을 통해 우리는 비교적 자유로운 정치 공간을 확보했고, 네 차례에 걸친 대통령 선거와 월드컵, 탄핵 반대 운동 등을 통해 시민 의식이 빠르게 성장했다. 이제 많은 시민들은 불필요한 규범이나 관습으로부터 과감한 변화를 요구하고 있으며, 정책이나 제도에 대해서도 자신의 의사를 조직적으로 개진해 나가고 있다.

이렇게 되는 데는 디지털의 힘이 크게 작용했다. 우리는 세계 어느 나라보다도 우수한 인재와 기술력을 갖춘 디지털 문화 대국이다. 우수한 디지털 기술을 기반으로 우리는 표현의 욕구를 해소할 수 있게 되었으며, 서로의 의사를 공유하며 엄청난 네티즌의 위력을 발휘할 수 있었다.

하지만 한편으로는 상업주의적 하류문화가 넘쳐나 우리의 의식을 황폐화시키고 있는 것도 사실이다. 그러한 현상의 대표적인 예가 바로 청소년들 사이에서 또래문화로 유포된 '얼짱', '몸짱' 신드롬이다. 또한 지나치게 사치스럽게 포장된 웰빙문화가 마치 강남 부유층의 또다른 호사 취미에 지나지 않는 것처럼 왜곡돼 온 점도 부정적인 열린 사회의 영향이라고 할 수 있을 것이다.

이제 우리는 스스로 행복해지기 위해 아날로그적 삶의 태도를 지녀야 한다. 아날로그적 삶의 방식은 원칙적인 가치에 충실하고 자연에 가까워지려는 마음을 갖고 느림의 철학을 견지하는 정도의 마인드를 일컬을 것이다. 나는 이러한 삶의 태도를 견지하면서 궁극적으로는 스스로 만족하는 내면의 아름다움을 추구하는 삶의 방식이 바로 아날로그적 삶의 목표가 아닐까 생각한다.

아날로그적 삶의 태도는 기계적이고 의식적인 생활방식에서 벗어나 자신의 본성을 느끼고, 자연스러운 삶의 태도를 견지하는 인간적 라이프스타일이다. 나는 아날로그적 삶의 태도가 우리 시대의 행복법에 다름 아니라고 제안한다.

자연에 가까워지려는 문화를 지향하고, 자연에 가까운 식품을 선호하며, 자연스러운 인간관계의 획복에 중점을 둔 사회생활. 이를 통해 심신의 건강을 추구하는 반문명적이고 반기계적인 삶의 태도를 지켜나가는 것이다. 이러한 생활을 통해서 자연으로부터 멀어져 왜소해진 우리의 심신과 식생활과 인간다움을 자연스럽게 회복하는자연친화적인 인간성 회복 운동이 바로 아날로그적 삶의 태도를 갖는 가장 행복한 이유이다.

미래지향적이고 발전지향적인 삶을 살아가는 이들은 늘 자기 성찰의 시간을 갖는다. 그들은 지난날의 자기, 어제의 자기를 돌아보고 새로운 '나', 진보적인 '나'를 이룩하기 위해 끊임없이 스스로에게 질문을 던진다. 얼마나 나이지고 있는가? 얼마나 스스로에게 충실했는가? 이웃들을 위해 무엇인가 이바지하는 삶을 살고 있는가? 이와 같은 자기 의문과 자기 성찰 속에 살아가는 사람은 끊임없이 자기갱신의 기회를 도모하는 참다운 의미의 사람들이다.

불교에서는 해탈이라는 말을 빈번하게 사용하는데 해탈의 삶을 살아가기 위해서는 앞서와 같은 자기 의문과 자기 성찰의 과정이 필수적으로 요구된다. 해탈의 기쁨이란 끊임없이 진보해 나가는 발전지향적인 인간의 특전이다. 지속적인 자기 성찰의 자세를 통해 우리는 스스로에게 충실하고 스스로에게 '귀의' 하는 삶을 엮어 갈 수 있다.

마음을 항상 통제하고 자기에게 귀의하는 길. 그 길은 끊임없는 자기 성찰과 자기 의문을 따라 걷는 길이다. 그러므로 늘 스스로에게 묻는 일을 게을리 해서는 안 된다.

나에게는 인맥을 능수능란하게 구축하는 친구가 한 명 있다. 그 비결을 물어보면 그는 늘 "사람을 상대하는 거 별로 어렵지 않아" 라고 대수롭지 않게 말한다. 그래서 좀 더 추궁하면 다음의 5가지 사항에 유념해서 행동하라고 조언한다.

① 모든 상대를 편안하게 대한다.

② 마음에서 우러나 상대를 칭찬한다.

③ 늘 감사한다.

④ 항상 미소를 보낸다.

⑤ 상대의 이름을 부른다.

이 5가지를 종합해보면 '자신이 상대를 중요하게 생각하고 있다는 사실을 태도로 전달하는 것' 이라고 정의를 내릴 수 있다.

대부분의 사람들은 상대방이 자신을 얼마나 중요한 존재로 받아들이는지 알고 싶어 한다. 미국의 심리학자 아브라함 매슬로 Abraham H. Maslow 박사는 인간의 욕구는 타고난 것이며 욕구를 강도와 중요성에 따라 5단계로 분류할 수 있다는 '인간 욕구의 5단계설'을 주장했다.

욕구는 행동을 일으키는 동기요인이며, 인간의 욕구는 낮은 단계에서부터 그 충족도에 따라 높은 단계로 성장해 간다. 따라서 하위단계의 욕구가 충족되어야 그 다음 단계의 욕구가 발생한다는 것이 그의 이론이다.

1단계 욕구는 생리적 욕구로 먹고 자는 등 최하위 단계의 욕구이다. 2단계 욕구는 안전에 대한 욕구로 추위·질병·위험 등으로부터 자신을 보호하는 욕구이다. 3단계 욕구는 애정과 소속에 대한 욕구로 어떤 단체에 소속되어 애정을 주고받는 욕구이다. 4단계 욕구는 자기존중의 욕구로 소속단체의 구성원으로 명예나 권력을 누리려는 욕구이다. 5단계 욕구는 자아실현의 욕구로 자신의 재능과 잠재력을 발휘해 자기가 이룰 수 있는 모든 것을 성취하려는 최고수준의 욕구이다.

가장 강한 욕구는 '자아실현의 욕구'인 것이다.

사람들은 자신을 욕구가 강한 단계의 사람으로 봐주기를 바란다. 즉, 생리적 욕구만 있는 사람이 아니라, 자아실현을 위해 열심히 노력하는 사람으로 봐주기를 바란다는 것이다. 인간관계에 있어 중요한 것 중 하나는 '관심'이다. 그 관심은 무엇에 대한 관심인가와 연결되어 있다. 그 사람의 사는 곳에 관심이 있는지, 재산에 관심이 있는지, 얼굴 등 외모인지 아니면 그 사람의 생각에 관심이 있는지에 따라 인간관계는 달라진다. 가장 이상적인 관심은 상대방의 사고, 사상, 가치관 그리고 자아실현을 위한 노력 등에 관심을 가지는 것이다.

그러한 관심을 갖기 위한 인간관계의 첫 걸음은 상대를 인정하는 것이다. 영어에서는 상대를 인정하는 행동을 일컬어 스트록(stroke)이라 한다. 미국에는 '당신이 다른 사람에게 줄 수 있는 최고의 스트록은 마음속에서 우러나는 관심이다'라는 말이 있다. 상대에게 관심을 표현하고 사소한 것이라도 칭찬을 하면 인간관계는 훨씬 원만해진다. 따라서 상대방을 인정해주는 습관은 인간관계를 풍요롭고 멋스럽게 만들어준다.

따뜻하게 말하라

사람의 목소리에는 그 사람의 진심, 나아가 인생이 담겨 있다. 정감 있는 말을 하라.

메시지의 전달에 있어 목소리가 38%를 차지하며, 표정이 35%, 태도가 20%, 내용은 겨우 7%밖에 차지하지 못한다. 특히 전화상에서는 음성이 82%의 중요도를 차지하지만 말의 내용은 18%의 중요도밖에 띠지 못한다. 이것은 얼굴을 보고 대화하든, 전화로 대화하든 말의 내용보다 음성이 더 중요하다는 뜻이다. 결국은 화려한 말의 내용보다 따듯한 음성이 더 마음을 파고든다는 의미이다.

단어는 쉽게 바꿀 수 있지만, 음성에는 고스란히 장점이 배어들기 마련이다. 결국 음성이 따뜻하려면 진심으로 상대방을 좋아해야 된다.

내용과 함께 음성에 신경을 써라. 바탕이 고와야 그 위에 장식을 해도 멋지게 보이는 것처럼 음성은 대화의 밑그림이며 기본이다. 가장 따뜻하고 진실한 목소리를 내기 위한 최고의 방법은 상대를 진심으로 좋아하고 존경하는 것이라는 점을 명심하라.

실제로 말을 할 때는 상대는 당신을 지켜보고 있다. 당신의 일거수일투족에 주목한다. 즉, 당신의 이야기는 들려지고 있는 동시에 보여지고 있는 것이다. 그리고 상대는 청각보다 시각에 훨씬 강렬하게 자극받는다. 라디오보다 텔레비전이 훨씬 강한 인상을 주는 것도 그 때문이다.

사람들은 먼저 당신의 걸음걸이를 보고 '저 사람은 당황하고 있군. 좋은 내용은 기대하기 힘들겠는데……' 하고 평가하거나, 당신이 사람들 앞에 서 있거나 의자에 앉는 모습을 보고 '침착하군, 이야기를 잘 하겠는데……' 하고 평가한다.

따라서 당신이 이야기를 시작하기도 전에 듣는 사람은 당신의 자세를 보고 이야기의 수준, 신뢰할 수 있을 내용인가의 여부를 정해버린다는 사실을 잊어서는 안 된다.

"칭찬은 바보를 천재로 만든다."

"한마디의 칭찬은 건강도 챙겨준다."

"돈은 순간의 기쁨을 주지만 칭찬은 평생의 기쁨을 준다."

"사람의 참모습은 칭찬에서 나타난다."

무엇보다 따뜻한 분위기를 만드는데 상대방을 칭찬하는 말 한마디보다 좋은 것은 없다.

나는 길 가다가 후배를 만나면 "오호, 이번 여름에 꽤 탔네"라거나 "오늘 스타일이 정말 멋진 걸" 등으로 관심을 간단하게 표현한다. 또한 업무에 대해서도 "지난 번 보고서는 매우 훌륭했어", "그 상대하기 어려운 회사를 잘도 설득했더군"과 같이 가볍게 칭찬한다.

대부분의 사람은 상대방이 건네는 칭찬에 기분이 좋아진다. 이때 다소 과장되게 칭찬을 해도 기쁘게 받아들이지만, 무심코 건네는 칭찬 한마디에 상대는 더욱 감동을 받는다.

1804년 프랑스의 황제가 된 나폴레옹은 아첨을 경계하기 위하여 일체의 칭찬을 금한다고 선포했다. 어느 날 한 신하가 나폴레옹 앞에 나와 고했다.

'저는 진심으로 황제폐하를 존경합니다. 그 이유는 폐하가 칭찬을 싫어하기 때문입니다.'

그러자 나폴레옹이 화를 내기는커녕 무척 좋아했다고 한다.

초등학교 때 내 친구가 생각이 난다. 4. 5. 6학년을 같은 반으로 지냈다. 그 친구는 공부에 도통 재미를 못 느끼고 아무런 의욕이 없어 반에서 꼴찌를 면치 못했다.

그런데 6학년 학기 초 어느 날이었다.

친구에게 선생님이 "멋진 그림인데. 특히 색깔 배합이 훌륭하구나"라고 칭찬을 했다.

내 친구는 처음 들어보는 칭찬에 얼떨떨한 표정이었다. 그것도 잠시 뿐이었고 너무나 기분이 좋아 하루 종일 입가에 웃음이 떠나지 않았다.

그리고 그날 이후부터 친구는 그림을 그리기 시작했다. 그 후로도 선생님에게 칭찬을 많이 들었다.

선생님은 지나가는 말로 가볍게 한 칭찬이지만 친구는 선생님의 말 한마디로 자신의 그림에 대한 재능을 발견하게 된 것이다. 학교 생활에 아무런 의욕이 없던 친구가 그림에 대한 열정을 쏟기 시작한 것이다. 그림에서 자신감을 얻자 다른 교과목의 성적도 올랐다. 친구는 지금 서양화가로 왕성한 활동을 하고 있다.

불경에도 '말을 거는 것은 마음을 쓰는 것이다' 라는 문구가 있다. 그 초등학생은 자신을 인정해주는 사람이 무심코 내던진 칭찬의 말에 감동을 받아 스스로 변화할 만큼의 자신감을 얻은 것이다.

소심한 사람이 자신감을 얻고, 늘 잠재력만 있는 사람이 흔한 말로 포텐이 터지는 것은 큰 일이 있어야만 가능한 것은 아니다. 의외로 사소한 관심과 칭찬 한마디에서 시작된다.

직장뿐만 아니라 가정이나 회사 밖에서도 사람들에게 수시로 칭찬을 던지면 관계가 훨씬 부드러워진다는 것을 알게 된다. 구체적으로 계획을 세워 '하루 한 번 칭찬하기'를 습관화하면 인간관계가 훨씬 편해질 것이다.

상대방에 대한 마음을 표현하기 위해 말을 걸어야 한다. 그런데 말을 건네고 싶은데 어색하다거나 적절한 방법을 찾지 못했을 때는 칭찬을 하면 된다. 옷이나, 머리모양, 신발 등과 같이 상대방이 신경을 많이 쓴 부분을 찾을 수 있으면 가장 좋다. 칭찬하는 습관은 자연히 상대방에 대한 관심으로 나타난다. 칭찬을 하기 위해서는 평소에도 상대방을 관찰해야 하기 때문이다. 그래야 자연스럽게 칭찬을 할 수 있다. 물론 칭찬은 과하지 않도록 하는 것이 좋다.

'칭찬이라는 것은 배워야 할 예술이다.'라고 한 종교학자 마르크스 뮐러의 말을 꼭 기억하기 바란다.

상대가 나보다 말을 많이 하도록 하라

당신의 의견을 관철시키기 위해서는 상대방에게 충분히 말할 시간을 주어야 한다. 사람들은 안하무인인 사람보다는 매사에 겸손한 태도를 보이는 사람들에게 호의를 보인다. 미국 대통령 오바마는 겸손한 자세로 사람들을 대하는 인물로 유명하다. 그는 치열하게 선거를 치른 힐러리를 당선 후 국무장관에 임명하고, 공화당 의원들에게도 사심없이 전화를 걸어 도움을 청하곤 했다. 이런 오바마의 겸손은 미국인들에게 호감가는 대통령, 인간적으로 믿음이 가는 대통령이라는 인식을 낳게 하였다.

상대에게 말할 기회를 주는 것, 가장 단순한 이치를 사람들은 알면서도 실천하지 않는다. 상대방이 나보다 말을 많이 하게 하려면 우선 상대가 말할 수 있는 시간을 확보해주어야 한다. 상대의 의견에 반반하고 싶더라도 우선 참는다. 말이 끝나기도 전에 이야기를 중단시킨다면 불쾌감이 더해져 대화는 더욱 어려워진다. 상대에게 자기 자랑을 많이 하게 함으로써 대화를 자기에게 유리하도록 전개해 보자.

대부분의 사람은 자신이 듣는 만큼 상대방이 들어주지 않는다고 생각한다. 자신이 아무리 열심히 듣고 있다고 주장을 해도 상대방이 그렇게 생각하지 않으면 아무런 소용이 없다. 그래서 다른 사람의 이야기에 귀를 기울이는 습관을 들여야 한다.

그러한 습관을 기르려면 다음 2가지 사항을 지켜야 한다. 첫째, 상대방에게 마음을 써라. 둘째, 테크닉을 습득하라. 마음을 쓰는 것은 여러분 각자에게 맡기기로 하고 여기서는 듣는 테크닉에 대해 알아보겠다.

① 다른 사람의 이야기를 도중에 끊지 않는다.

상대방의 이야기가 끝날 때까지 잠자코 기다리는 것이 가장 기본적인 예의다. 그것은 상대방을 중요하게 생각하고 있다는 마음의 표현이다. 그런데 상대방의 말이 너무 길거나 지루할 때가 있다. 이때는 가끔씩 고개를 끄덕여주거나, 고개를 살짝 앞으로 내밀기도 하고 턱을 만져주면 지루함을 견딜 수 있다.

② 상대의 눈을 본다.

성실함은 무언의 메시지다. 즉, 눈으로 이야기하는 것은 말로 하는 것과 같다. 만약 아무리 노력해도 눈을 보며 이야기 하는 것이

영 어색하다면 내가 사용한 방법을 하나 알려주겠다. 상대방의 인중을 보면 된다. 인중을 바라보면 눈을 직접 봐야 하는 부담감과 어색함을 덜어주게 된다. 그리고 상대방을 자신의 말에 집중하고 있다는 인상을 받게 되어 대화를 편안하게 이끌 수 있다.

③ 요령껏 맞장구를 쳐준다.

노래에서 간주가 윤활유 역할을 하듯이 맞장구는 대화의 엔진 회전을 원활하게 해준다. "그래서? 그래? 정말?"이라고 가볍게 놀라움을 표시하면 상대는 한껏 흥이 나서 이야기한다. 특히 상대가 여성이라면 맞장구치는 요령이 많은 효과를 보게 될 것이다. 맞장구는 자신의 이야기에 동의하며 자신의 편이 되어 준다는 의미이기 때문이다.

④ 상대방의 이야기를 들으면서 메모한다.

메모는 자신의 기억을 보조하는 수단이다. 또한 상대의 이야기를 열심히 듣고 있다는 자신의 성실성을 보여주므로 상대에게 호감을 살 수 있다. 직장에서 상사의 지시사항을 들을 때 가만히 서서 "예"만 할 것이 아니라, 메모장에 메모를 하면서 듣는다면 상사의 눈도장을 받기에 어렵지 않다.

   대화는 청자, 화자, 그리고 메시지로 구성되어 있는 데 이 세 가지 요소 중 가장 중요한 것은 화자다. 듣는 것에 따라 메시지의 내용이 확연히 달라지기 때문이다. 따라서 경청은 불필요한 오해를 없앨 뿐만 아니라 상대의 마음을 사로잡을 수 있다. 잘 들으면 인생이 행복해진다.

남들에게 호감을 사는 5가지 황금법칙

"요즘 어떻게 지내?"
오랜만에 만난 동창과 맥주 한잔을 하며 그동안의 근황을 물었다.
"응. 요즘 새미 때문에 살맛이 나."
"딸 시집가지 않았어? 딸이 또 있어?"
  이 친구는 딸 하나를 키우고 있었는데 몇 해 전에 시집을 가고 지금은 내외가 살고 있다고 알고 있는데 갑자기 머리가 혼란스러웠다.

"아…. 딸이 아니고 강아지. 둘만 살려니 적적해서 한 마리 입양했어."

그런데 일 때문에 늦게 들어가면 와이프는 세상모르게 자고 있어도 강아지는 꼬리를 치며 반긴다고 한다. 발자국 소리만 듣고도 조르르 달려와 배를 뒤집고 발을 핥고, 안아달라고 폴짝폴짝 바지춤에서 온갖 재롱을 부린다고 한다. 이뻐하지 않을 수가 없단다.

친구는 강아지 자랑을 한참 동안 했다. '나도 한 마리 키울까?' 하는 생각이 들 정도였다. 친구는 술 한 잔 더 하자는 나를 만류하며 강아지가 보고 싶어 빨리 집에 가야 한다며 서둘러 자리를 떴다.

나는 집으로 오는 내내 강아지를 생각해보았다. 강아지는 미래를 걱정하지도 않고, 일에 대한 걱정, 지식에 대한 걱정도 없다. 하지만 인간으로부터 무한한 사랑과 관심을 받고 있다. 강아지는 사람들에게 관심 받는 방법을 알고 있기 때문이다.

나는 인간관계도 큰 차이는 없을 것이라고 생각한다. 강아지처럼 인간에게 관심을 받게끔 하는, 즉, 관심을 이끌어 내는 방법이 필요하다. 가만히 있으면 누구도 나에게 관심을 두지 않는다. 설사 관심이 있다 하더라도 반응이 없으면 곧 무관심해진다. 세상에서 가장 큰 폭력은 '무관심' 이라는 말이 있듯이 무관심은 죽음의 선고와 같다.

상대방에게 관심을 받기 위해서는, 즉, 호감을 사기 위해서는 스스로 노력이 필요하다. 여기서는 상대방에게 호감을 사는 습관을 소개하겠다.

① 첫 만남에서는 마음을 비우고서 상대방을 대하라.

② 비평하는 버릇을 고치고 남의 험담을 하지 마라.

③ 세상에는 좋은 일이 의외로 많다는 사실을 항상 유념하라.

④ 좋고 나쁨을 따지지 말고 타인에게 정성을 다하라.

이 법칙들은 모두 충분히 공감할 만한 내용들이다.

우선 첫 만남에서 마음을 비우고 상대를 대해야 하는 이유는 무엇일까? 첫인상은 훗날까지 영향을 미칠 정도로 중요하다. 상대에게 좋은 인상을 심어주려면 자신도 그에게 편견이나 선입관을 가져서는 안 된다. 사람은 감정의 동물이므로 일단 가진 생각은 좀처럼 바뀌지 않는다. 그래서 첫 만남에서는 가능한 한 마음을 비운다는 기분으로 상대방을 대해야 한다.

두 번째인 '비평하는 버릇' 은 젊은 시절 누구나 많이 저지르는 잘못이다. 여러 가지 경험을 쌓으면서 '남의 장점을 발견하고자 열심히 노력'하게 되고 스스럼없이 손 내밀 수 있게 된다.

세 번째 '세상에 주의를 기울이라'는 법칙도 매우 중요하다. 성공을 하고자 한다면 내가 관심 있는 것에만 신경을 써서는 안 된다. 나 자신은 사회적 동물이기 때문에 사회 변화와 결코 무관하지 않다. 그렇기 때문에 회사 전반에 관심을 가져야 한다.

특히 대부분의 사람들은 '좋고 나쁨을 따지지 말고 타인에게 정성을 다하라'는 법칙을 죽는 순간까지 갈고 닦아야 한다. 결국 이 법칙은 전부 인간관계를 원만하게 하는 습관들이다.

3

더불어 함께하는 사회 습관

세상을 바꾸는 것은
자신의 작은 변화다.
자신의 작은 변화가 자신을 바꾸고
그로 인해
세상이 변화하는 것이다.

chapter 8
즐거운 일터로 만드는 직장인의 습관

아이디어를 숙성시켜라

내가 아는 시인은 참 특이한 습관이 있다. 완성한 시를 책상 서랍에 넣어두고 일정 기간이 되지 않으면 꺼내지 않는다. 잡지에서 원고 청탁이 오면 오래전에 써두었던 시를 꺼내 준다.

"한참 지난 시를 보내면 현실감이 떨어지지 않나?"

나는 술자리에서 궁금해서 물었다.

시인 친구는 시익- 웃으며 이렇게 말했다.

"이 막걸리도 숙성이 잘 되어야 하잖아."

"숙성?"

그렇다. 시인 친구는 자작시를 숙성시킨 것이다. 막걸리나 김치처럼 말이다. 친구의 설명은 처음 완성한 시는 아무리 봐도 수정할 부분이 잘 보이지 않는다고 한다. 그래서 일정기간 넣어두고 잊어버리고 다시 볼 때면 수정해야 할 부분이 잘 보인다는 것이다. 즉, 시의 완성도를 높이기 위해서란다. 처음 시를 쓸 때에는 주관적 감정이 강해 객관적으로 볼 수가 없기 때문이란다.

그 후 나는 숙성에 대해 많은 생각을 하게 되었다. 그래서인지 주위에서 숙성이라는 단어가 눈에 많이 들어온다. '와인숙성 삼겹살', '숙성즙', '저온 숙성', '더치커피 숙성' 등 종류도 다양하다.

그런데 얼마 전에 신문 기사에서 '아이디어 숙성'이라는 말이 눈에 들어왔다. 심지어 어느 지방단체에서는 '아이디어 숙성단'이 조직되어 있다. 하긴, 시도 숙성하는 마당에 아이디어를 숙성하는 것 정도야 놀랄 일은 아니다.

보통 숙성熟成이라고 하면 효소나 미생물의 작용에 의하여 발효되어 잘 익은 것을 말한다. 그리고 글자의 순서가 뒤바뀐 성숙成熟은 몸과 마음이 자라서 어른스럽게 된 것으로 주로 인간에게 사용한다. 한마디로 요약하면 숙성이나 성숙은 '충분히 이루어졌다'는 의미다.

아이디어도 완성이 되기 위해서는 오래 두고 수정하고 보완하는 작업이 필요하다. 처음의 아이디어는 무르고 딱딱해 맛이 없다. 누군가 독특하고 신선한 아이디어를 냈지만 무언가 부족할 때 우리는 '착상은 좋은데….' 하며 아쉬워한다.

직장에서 아이디어 회의를 하면 '이 중에 하나는 걸리겠지' 하는 마음으로 물량 공세하듯 아이디어를 생각나는 대로 무턱대고 내뱉는 사람이 있다. 그 사람은 금방 아이디어가 바닥이 난다. 그리고 가만히 지켜보며 옆에 있던 누군가 내뱉은 아이디어를 가지고 수정하고 보완해서 자신의 아이디어로 내놓으면 칭찬받는 일이 많다. 원래 내 것이었다고 항변을 하고 억울해 해봐야 기차가 떠난 뒤다. 아무 소용이 없다.

처음에 생각나는 대로 내뱉은 아이디어는 숙성되지 않는 아이디어다. 숙성되지 않은 것을 잘 숙성시키면 좋은 아이디어가 되는 것이다.

내가 강의할 때 학생들에게 이야기 하는 것이 있다. 창의성은 새롭고 신선한 아이디어만 가지고는 이루어지지 않는다. 새롭고 신선한 아이디어에 실효성이 더해져야 한다고 말한다. 이때의 실효성이 '숙성'이 되어야 가능한 것이다.

좋은 아이디어를 얻으려면 아이디어가 숙성할 때까지 머릿속에 저장해 두어야 한다. 여러 지식과 정보를 머릿속에 저장해 두는 '아이디어 숙성기간'이 필요하다. 아이디어 소스를 떠올리면서 이런 궁리 저런 궁리를 하며 몇 날 며칠을 보내야 한다. 그 과정에 발효가 일어난다. 아이디어가 무르익을 때쯤 꺼내어 상상력을 동원해 폭발하듯 디자인하면 된다. 아무리 하찮은 아이디어라도 숙성의 과정을 거치면 꽤 쓸 만한 아이디어가 된다.

이제는 어떤 생각이든 바로 내뱉지 말고 머릿속에 간직하며 수정 보완해야 한다. 머릿속에 저장해두는 것이 어려우면 간단한 메모장을 만들면 된다. '아이디어 숙성장'을 만들어 생각날 때마다 수시로 꺼내보면 아이디어가 점점 숙성되는 것을 느낄 수 있을 것이다.

생각을 숙성하는 훈련을 해야 한다. 훈련이 습관으로 완성이 되면 숙성의 시간이 짧아지게 된다. 다른 사람이 흘린 숙성되지 않은 아이디어도 멋지게 가공할 수 있게 된다. 그러면 당신은 주위사람들로부터 '창의적 사람'이라는 말을 듣게 되는 것이다.

급한 일보다 중요한 일을 먼저 하라

"일 중독증에 걸린 사람은 삶에서 여러 가지 걱정과 잡념들이 엄습해오면 곧바로 일속으로 숨어버린다. 일은 그 사람에게 합법적으로 허락된 도피처이다"

니체가 한 말이다.

우리는 주위에 일에 빠져 사는 사람을 흔하게 볼 수 있다. 그 사람들은 항상 열심히 일을 하지만 늘 불안하고 우울해하며, 얼굴표정이 어둡다. 자기를 혹사시키면서까지 일에 매달린다.

일은 사람을 위해서 존재하는 것인데 사람이 일을 위해 존재하는 것이 돼 버렸다. 일의 노예가 된 것이다. 일을 즐기고, 지배하는 사람이 되어야 하는 데 말이다.

나도 그랬지만 학창시절 시험기간이 되면 벼락치기로 공부를 한 경험이 있을 것이다. 시험 전까지 실컷 놀다가 시험 전날이 되어서야 허둥지둥 책을 펼친다. 어쩌다 성적이 잘 나오는 경우가 있기는 하지만 대부분 이렇게 공부한 과목은 성적이 잘 나오지 않는다. 아침 출근시간이 되면 집안이 전쟁터나 다름없다. 아이부터 어른까지 준비물 챙기랴, 가방 챙기랴, 옷 입으랴 이 방 저 방을 정신없이 오간다. 그렇게 부산을 떨었지만 결국 빠뜨리고 오는 것이 있다.

이런 허둥지둥하는 삶은 결국 행복할 수 없다.

많은 사람들이 그렇게 살기 때문에 아무렇지도 않게 넘어갈 수도 있지 않느냐, 뭐가 그리 문제가 되느냐고 의아해 하는 사람도 있을 것이다.

그렇게 생각할 수도 있다. 살아가는 데 큰 지장이 없을 수 있다. 하지만 잘못된 것은 자명한 사실이다. 이는 모두 잘못된 습관 때문이다.

이런 사람들의 일하는 스타일을 보면 대체로 여러 가지 일을 한꺼번에 하면서 일에 치여 산다. 그렇다고 일의 마무리가 깔끔하게 되는 것도 아니다. 이 일 조금, 저 일 조금 건드리기만 할 뿐 진행이 어렵다. 원래 일의 욕심이 많은 사람이라고도 할 수 없다. 무엇이 중요한지 고민하지 않고 원칙 없이 이 일 저 일에 매달리는 인생이다.

이제부터 이런 잘못된 습관을 버리고 좋은 습관을 들이도록 노력하자. 아침에 일을 시작하기 전에 해야 할 일들을 모두 적어보는 것이다. 그리고 일의 우선순위를 정하는 습관을 들이면 된다. 당장

해야 될 일과 나중으로 미뤄도 되는 일, 그리고 내가 꼭 해야만 하는 일과 다른 사람에게 넘겨도 될 일을 정하는 것이다.

의외로 다른 사람들에게 넘겨도 될 일을 굳이 붙들고 있는 사람들이 많다. 그 일을 감당할 시간도 없으면서, 그렇게 중요한 일도 아님에도 불구하고 애지중지하며 꼭 붙들고 있다. 아마도 일이 없다면 무능하다는 말을 듣지 않을까 걱정하는 스타일일 거라고 생각한다. 그렇게 붙들고 있지 않아도 충분히 할 일은 많기 때문에 과감히 다른 사람에게 넘겨줘야 한다. '내가 하지 않으면 안 된다'는 강박관념을 버려야 한다. 모든 일을 다 하려고 하는 것은 책임감이 강하거나, 용감한 것이 아니라 무식함의 극치다. 현명해질 필요가 있다.

그리고 일에는 중요한 일과 급한 일이 있다. 많은 사람들이 급한 일을 먼저 해야 된다고 생각한다. 특히 '빨리빨리'를 좋아하는 우리나라 사람들은 급한 일이 먼저라고 꼽는다. 전철도 급행이 있고, 배도 쾌속선이 있다. 배우는 것도 속성으로 배운다. 학교에서는 월반이 있고 조기졸업이 있다. 미안하지만 아니다. 급한 일은 지금 당장 해야 하는 일이다. 급한 일을 먼저 하는 사람은 결과를 중시하는 사람이다. 눈앞에 닥친 일만 본다. 마음에 여유가 없다. 하루

하루 일에 쫓기면서 살아간다.

급한 일보다 중요한 일을 먼저 해야 한다. 내일을 생각한다면, 삶의 큰 그림을 그린다면 중요한 일을 먼저 해야 한다.

우선순위를 정하는 것은 단순히 해야 할 일에만 국한 되는 것이 아니다. 인생설계도 마찬가지로 적용된다. 일의 우선순위를 정하는 습관을 들이는 것은 나의 인생에 당장 해야 할 일, 중요한 일, 내가 하지 않아도 되는 일을 명확하게 구분할 수 있게 된다. 삶에 여유를 가져다 준다. 삶의 질을 높여 줄 수 있다.

일에 치여 자신을 돌아보지 않고 내일도 없이 오늘 하루 겨우 버티기 식으로 사는 것은 어느 누구도 꿈꾸는 삶은 아닐 것이다. 유치원, 초등학교, 중고등학교 그리고 대학교 또는 대학원까지 힘들고 어렵게 공부한 이유가 일에 치여 살기 위한 것은 아니었을 것이기 때문이다.

일에 치여, 가족도, 자신도, 건강도 돌보지 못하고 결국 장렬히 전사하는 자신의 모습을 보여줘야 하는 것은 잘못된 삶이다. 뒤늦게 '인생을 되돌릴 수 있다면' 하고 후회해야 소용이 없다. 더 늦기 전에 일의 우선순위를 정하는 습관을 들이도록 하자.

긍정적인 이미지먼트를 하라

　세상에서 가장 치열한 싸움은 자신과의 싸움이다. 그리고 자신과의 싸움에서는 승자도 패자도 모두 '나' 자신이다. 그래서 "자신과의 싸움은 패배가 없는 싸움이다."라는 말이 있는 것이다.

　그런데 우리는 매 순간 자신과의 싸움을 치열하게 벌이고 있다. 그리고는 승리에 기뻐하고 패배에 자책한다. 우리가 자신과의 싸움에서 이기려고 하는 것은 좀 더 나은 선택을 하기 위해서, 유혹에서 벗어나기 위해서다. 즉, 나 자신을 내가 원하는 모습으로 만들어 가기 위해서다.

　그렇다면 누구와 싸워서 이길 것인가? 우선은 자신과의 싸움에서 승리해야 한다.

　사람이 사물이나 사건에 대응하는 자세는 대체로 동전의 양면처럼 이분법적으로 나뉜다. 즉, 긍정적인지 부정적인지, 혹은 명확한지 불명확한지, 적극적인지 소극적인지, 자신의 책임인지 다른 사람의 책임인지, 혁신적인지 보수적인지, 낙관적인지 비관적인지 등등으로 말이다.

　그러므로 자신에게 이기려면 긍정적이고 명확하며 적극적으로 문제를 자신의 책임으로 전가하며 혁신적이고 낙관적인 쪽으로 사고방식의 기축機軸을 옮겨야 한다. 그렇게 생각을 전환하는 습관을 들임으로써 행동의 결과는 크게 달라진다.

비관적인 성격을 지닌 사람에게 낙관주의자가 되라고 말하는 것은 힘든 일일지도 모른다. 그렇다고 해서 쉽게 포기해서는 안 된다.

"악인의 흉내를 낸다고 해서 사람을 죽인다면 자신도 역시 악인이 된다. 천리를 달리는 준마를 흉내 내는 말은 준마에 속하고, 훌륭한 성천자 순임금을 흉내 낸다면 그는 역시 순임금과 동급이 된다. 거짓이라도 덕을 배우는 사람은 이미 현자다."

일본의 승려 요시다 겐코가 쓴 《도연초徒然草》라는 일본의 대표적 고전 수필의 한 부분이다. 인생철학을 흥미롭게 그리고 있다.

이 글은 매사를 낙관적으로 생각하려고 노력하라, 설령 낙관적인 마음이 들지 않더라도 그러한 마음가짐을 지니고 있으면 낙관주의자로 가는 길에 한 걸음 내딛게 된다는 것이다.

낙관적이고 긍정적인 마음가짐을 가지려고 하는 것 자체만으로도 적어도 주위 사람들에게는 낙관주의자처럼 보이기 때문이다.

그리고 사람은 대체로 타인이 자신을 낙관주의자로 인식하면 점점 그렇게 변한다.

성서에는 다음과 같은 구절이 있다.

"네가 지금 무언가를 바란다면 그것은 이미 이루어진 것과 같다.
소원을 품으면 그대로 될 것이다."

자신과의 싸움에서 이기려면 스스로 자신이 원하는 모습을 이미 징하는 습관을 들여야 한다. 그것이 습관으로서 자리 잡으면 어느새 자신이 바라던 모습에 가까워져 있을 것이다. 이미징에 성공하느냐 실패하느냐는 종이 한 장 차이다. 그러기 위해서는 자신이 바라는 이미지를 정확하게 '주입'해야 성공할 수 있다는 사실을 명심해야 한다.

대범하게 생각하면 행동도 그렇게 변한다. 반면 소심하게 생각하면 행동도 좀스럽기 마련이고, 자신이 남들보다 열등하다고 생각하면 정말로 못난 사람이 된다. 그러므로 머리부터 발끝까지 자신감으로 무장을 하고서 대범하게 생각하라. 매사를 긍정적으로 이미지화하다보면 자연스레 생각도 대범해진다. 그래서 자신이 원하는 모습으로 이미징하는 습관이 중요한 것이다.

나만의 콘텐츠를 만들어라

현대 산업에서 새롭게 부각되고 있는 것이 콘텐츠다.

1970년대의 세계의 성장동력은 기계나 가전 등의 하드웨어 hardware 산업이었고 1980년대는 소프트웨어 software 의 시대였다. 1990년대 들어서는 정보통신의 급속한 발전이 성장을 주도했다. 많은 전문가들이 2000년대의 성장동력으로 '문화콘텐츠'를 꼽기를 주저하지 않는다. 모두가 입을 모아 콘텐츠의 중요성을 이야기하고 있다. 교육계에서는 교육콘텐츠, 과학기술계는 과학콘텐츠, 문화콘텐츠 등 이제는 콘텐츠를 말하지 않고는 산업을 설명할 수 없을 정도다.

그런데 콘텐츠의 개념을 정의내리기가 어렵다. 학자들마다 전문가들마다, 산업의 주체들마다 각자 주장하는 바가 다 다르다. 하지만 한 가지 공통적으로 정의내리는 것은 미디어의 내용물이라는 것이다. 원소스를 말한다.

예를 들면 유명한 《레미제라블》이라는 소설이 있다고 하자. 많은 사람들에게 읽히고 사랑받은 소설이다. 콘텐츠는 이 소설이 되는 것이다. 그리고 콘텐츠산업은 이 《레미제라블》 소설을 이용해서 가공되어 지는 산업 전반을 말한다. 즉, 《레미제라블》 소설 한 편으로 영화를 만들 수 있고, 드라마, 애니메이션, 뮤지컬 등 수많은 새로운 콘텐츠가 생기는 것이다. 의류, 관광 상품으로도 연결이 가능하다.

'대장금'이 히트치면서 드라마의 수출뿐만 아니라 한국음식과 복장, 한국 관광 상품 등이 만들어지고 관련 산업도 크게 각광을 받았다. 그래서 콘텐츠를 개발하는 것이 경제의 새로운 성장동력이 되고 있는 것이다.

여기서 중요한 것은 '원소스'다. 다른 산업으로 확장할 수 있는 콘텐츠 개발이 가능한 원소스가 중요하다. 《레미제라블》 소설이나 대장금 이야기 같은 원소스가 중요하다. 누구도 따라 할 수 없는 원소스, 이를 컨텐츠화 시키기 위해서는 원소스 제공자의 동의를 구해야 한다.

원소스는 시, 소설, 만화 등의 순수 창작을 말하지만, 소스 제공자가 누구인지 확연히 드러나는 이야기나 줄거리도 원소스가 된다.

　나만의 스토리를 가지고 있다면 나도 원소스 콘텐츠 제공자가 된다.

　스토리의 힘은 크다. '에밀레종'이라고 불리는 성덕대왕 신종은 그 속에 담긴 독특한 이야기가 있기 때문에 그 가치가 더욱 높아지는 것이다. 종의 소리를 만들기 위해 어린아이를 넣었다는 그 이야기가 빠지면 그냥 '성덕대왕 신종'에서 끝나고 만다. 경주 국립박물관을 방문하더라도 '성덕대왕 신종'은 그냥 지나치게 된다. 하지만 종에 담긴 이야기 때문에 사람들은 '에밀레종' 종소리를 들으며 감동을 받는 것이다.

　나에게도 나만의 스토리를 만들자. 그렇다고 특별한 이야기를 포장하라는 것은 아니다. 없는 사실을 만들거나 부풀려 거짓으로 꾸미지는 말자. 다만 우리 인간들 각자 누구나 아름다운 이야기들은 다 가지고 있다. 그것은 인생의 이야기다. 내가 살아온 인생은 나만의 스토리다. 어느 누구도 없는 나만의 스토리인 것이다.

　신입사원 면접을 보다보면 살아온 삶이 다 비슷하다. 나이가 어려서 그렇기도 하지만 대체로 비슷한 과정을 거치고 비슷한 경험을 한다. 자신만의 이야기가 없다. 신입사원 면접에서 다른 사람들과 확연히 구분되는 자신만의 스토리가 있는 지원자가 있다면 단 번에 면접관들의 관심을 받을 것이다. 특별한 결격사유가 없다면 합격할 것이다. 나도 그런 사람이 신입사원으로 지원했다면 일단 뽑고 볼 것이기 때문이다.

그리고 자신의 인생과 특징과 장점에 대해서도 이야기를 할 수 있어야 한다. 단순히 들려주는 재미없는 이야기가 아니라 한 번 들으면 자신에 대해 금방 이해할 수 있도록 기승전결이 있는 스토리가 필요하다. 그것이 요즘 뜨고 있는 스토리텔링storytelling이다.

우리가 흔히 접하는 광고를 보면 상품을 소개하는 것 같지만 우리가 광고를 보고 상품을 구매하는 것은 광고 속에 들어 있는 이야기를 사는 것이다. 예를 들어 아파트 광고를 보면 행복한 가정의 단란한 모습, 전경이 좋은 창가에서 차 한잔의 여유를 즐기는 모습이 하나의 이야기로 전해지는 것이다. 그래서 나도 그 아파트를 구입함으로써 광고 속 단란한 가정의 이야기의 주인공이 되고자 하는 것이다.

무엇을 전달할 것인가가 중요한 것이 아니라 어떻게 전달할 것인가가 중요하다. 따라서 나만의 스토리, 나만의 콘텐츠를 나만의 스토리텔링으로 전달하는 것이 필요하다.

chapter 9
행운을 불러오는 인생을 즐기는 습관

인생을 즐기는 삶의 방식

나 하늘로 돌아가리라
새벽빛 와 닿으면 스러지는
이슬 더불어 손에 손을 잡고

나 하늘로 돌아가리라
노을빛 함께 단 둘이서
기슭에서 놀다가 구름 손짓하면은
나 하늘로 돌아가리라
아름다운 이 세상 소풍 끝내는날

가서 아름다웠더라고 말하리라

내가 좋아하는 천상병의 시 「귀천歸天」이다.

이 시를 읽으면 그때마다 마음이 뭉클해진다. 인생에 대해 다시 생각하게 된다. 인생은 누구에게나 한번뿐이기 때문에 더욱 현명하게 살아야 한다.

현명하게 산다는 것은 무엇일까? 그것은 즐기며 사는 것이다. 여기서 즐긴다고 하는 것은 쾌락적, 본능적, 유희적 즐김이 아니라 인생 자체를 즐긴다는 것이다. 그 자체를 즐기기 위해서는 인생이 무엇인지에 대한 어느 정도의 이해를 바탕으로 한다.

"아는 노릇은 좋아하는 노릇만 못하고, 좋아하는 노릇은 즐기는 노릇만 못하다.知之者 不如好之者, 好之者 不如樂之者"는 말이 있다. 흔히 말해 천재는 노력하는 자를 이길 수 없고, 노력하는 자는 즐기는 자를 이길 수 없다는 말이다. 공자가 한 말로 논어(옹야편)에 나온다.

돈 있는 자가 부자가 아니라 즐기는 자가 부자다.

즐기는 방법은 사람마다 다 다르다. 어떤 사람은 자연과 가까이

하는 삶을 통해 자신의 인생을 즐긴다. 자연의 품안에서 비로소 해방감과 안락함을 느끼고, 무위자연無爲自然을 보면서 순리와 무욕을 배운다.

그리고 누군가는 종교에 힘을 빌어 기도하며, 금욕하며, 봉사하는 삶을 즐긴다. 또 누군가는 열정 넘치는 활동으로 사람들과의 관계를 즐기면서 인생을 살기도 한다.

그 어느 방법이든 즐기면 된다. 그런데 즐기는 것에 대한 개념을 정리해볼 필요가 있다. 나는 '즐긴다' 는 것은 나의 만족이라고 생각한다. 인생을 즐기기 위해서는 인생이 만족스러워야 한다. 그런데 대부분 인생을 만족하지는 못한다. 인생에 아직 이루지 못한 목표와 바람이 있기 때문이다. 우선 욕심을 버리자. 젊었을 때 세운 목표와 바람이 은퇴 즈음이 되어서도 이루지 못했다면 버려야 한다.

천상병 시인이 노래한 것처럼 인생은 소풍이라고 할 수 있다. 언젠가 돌아가야 하는 소풍이다. 소풍은 원래 설레고 즐거운 것이다. 보물찾기에서 '꽝' 이 나와도 소풍은 즐거운 것이다. 혼자 떠난 소풍도 여럿이 함께한 소풍도 즐거운 것이다.

소풍은 아름답고 좋은 길을 두고 가시덤불이 우거진 길로 잘못 들어설 수도 있다. 파란 하늘, 높은 산, 맑은 물이 있는 곳으로 소풍을 갈 수도 있고, 하루 종일 물에서만 소풍을 할 수도 있다. 알 수 없어 더욱 즐겁다.

그런데 인생을 소풍처럼 즐기기에는 우리의 환경이 너무 좋지 않다. 너무 많은 시간을 일만 하는 시간으로 보내고 있다.

일본인의 연평균 노동시간은 2,100시간이고, 미국인은 1,800시간, 독일인과 프랑스인은 1,600시간 정도다. 반면에 한국인의 노동시간은 2,220시간으로 일본인보다도 많다. 미국, 독일, 프랑스인보다 매일 약 2시간이나 더 늦게 퇴근한다. 그리고 근무 시간에 출퇴근 시간을 더하면 하루에 회사에 매여 있는 시간 차이는 훨씬 더 벌어진다. 한국인이 하루에 회사에 구속된 시간은 약 12시간으로, 그것은 미국보다 1시간 40분, 독일이나 프랑스보다는 2시간 30분에서 3시간이나 길다.

한국인은 근면성실하게 일하고 열심히 제품의 품질을 개선한 결과 겉보기에는 벼락부자가 되었다. 수치상으로는 분명히 개개인이 풍요로운 삶을 즐기고 있지만 사실상 QOL(Quality Of Life, 삶의 질)면에서는 그렇게 느끼지 못하고 있다.

업무에 많은 시간이 할애되면 점점 무기력해지고 반복적이고 기계적인 사고를 하게 된다. 인생이 행복해질 수가 없다.

항상 즐거운 마음으로 살아가는 방법

- 비전을 세우고 즐겁게 일하라
- 좋은 기회는 적극적으로 받아들여라
- 매사에 긍정적인 사고를 하라
- 밝은 표정을 연습하라
- 자신의 건강에 신경 써라
- 실패를 두려워하지 마라
- 늘 감사하며 지내라

나만의 행선지를 정해 떠나라

어딘가로 떠난다는 건 하나의 익숙함과 이별하는 것이면서 또 하나의 낯섦을 기대하는 행위이다. 우리네 인생은 자신의 일생에서 중요한 획을 긋는 어떤 일과의 만남과 헤어짐이다. 이처럼 우리의 삶 속에도 익숙한 과정으로 받아들여지는 '떠남'과 '만남'이다 보니 새로운 계기가 왔다거나, 인생의 중요한 고비 때마다 사람들은 자신만이 아는 어딘가로 떠나 자기 앞에 직면한 것들에 대해 다짐과 정리의 시간을 갖고 오곤 한다.

여행은 눈으로 바라볼 수 있는 여행과 자신만이 느낄 수 있는 내면적인 여행이 있다. 보통 사람들이 여행을 떠난다고 하면 멋진 풍경이 있는 자연속에서 일상의 피로를 씻고 새로운 에너지로 충전해 돌아오는 행위를 말한다. 그런데 나는 여기서 한 걸음 더 나아가 스스로를 돌아보고 자신과 진지한 대화를 나눌 수 있는 내면의 여행을 다녀오곤 한다. 스스로가 깨어 있으면서 떠나고 만나는 모든 것들-친구, 여행지, 의미 있는 사건 등-을 항상 낯설고 신선한 만남으로 연출해 보곤 한다. 이럴 때 진정한 의미에서 여행의 목적을 스스로에게 일깨우는 좋은 시간을 갖곤 했다.

여행은 떠나고자 하는 사람의 사정에 따라 지극히 주관적인 행선지가 정해진다. 어떤 이는 답답한 일상사를 훌훌 털어내고자 한 며칠 인적이 드문 오지로 여행을 떠나려는 사람도 있을 것이고, 어떤 이는 잠깐 바람이라도 쐬기 위해 근교로 드라이브를 떠나는 사람도 있을 것이다. 이렇게 여행은 각자가 떠나는 이유가 다르기 때문에 여행코스나 방법도 제각각일 수밖에 없다.

나는 가급적 '나만의 시간'을 갖기 위해 내식대로의 여행을 떠나곤 한다.

먼저 되도록 사람들이 몰리지 않는 계절과 시간대를 택해서 조용한 때에 호젓하고 편안하게 이곳저곳을 둘러보고 온다.

다음으로 소모적인 여행이 되지 않도록 자기만의 여행 패턴을 만들어 가지고 떠난다. 보통 여행을 가게 되면 무슨 전투라도 치르는 것처럼 하루에 여기 여기까지는 꼭 가봐야 하고 그곳에서 이런저런 음식은 꼭 맛보아야 된다는 둥 여행을 마치 놀고 먹는데 모든 열정을 다 쏟아 붓는 행위 정도로 생각하는 분들이 많다. 이렇게 되면 여행이 갖고 있는 애초의 목적이랄 수 있는 휴식과 재충전으로서의 의미는 어느새 퇴색해 버리고 만다. 따라서 되도록 내가 계획한 최소한의 여행지에서 보고 듣고 느끼는 시간을 많이 가지고, 일상에 복귀했을 때는 여행이 심신충전의 좋은 계기로 작용할 수 있는 수단이되도록 여행지에서의 시간과 장소를 잘 안배하고 있다.

마지막으로 내가 의도한 여행이 될 수 있도록 애초에 여행목적을 명확히 하고 떠난다. 여행은 떠날 때마다 그때그때 남다른 의도를 갖고 떠나게 된다. 휴가철에는 가족과의 단란한 시간을 보내고자 하는데 의미를 부여하는 경우가 많고, 혼자 훌쩍 떠날 때는 자신과의 대화에 중점을 두고 떠날 때가 많다. 어떨 때는 직장 생활에 위기가 찾아와 남다른 다짐이 필요해서 여행을 떠나기도 한다.

이렇게 다 제각각 여행을 떠나는 의도가 다른데도 많은 사람들이 가족과 단란한 한때를 보내러 가면서 자신만의 시간을 애써 고집한다거나, 자신과의 대화를 강조하면서 시끄럽고 혼란스러운 유명관광지로 떠나는 모습을 볼 수 있다. 이렇게 되면 그 여행은 애초에 본인이 하고자 했던 의도된 여행이 되기보다는 이도저도 아닌 절름발이 여행이 되기가 싶다. 여행을 떠날 때는 자신의 의도에 맞는 좋은 행선지를 찾아서 본래의 의도에 충실한 여행을 다녀오라

하루의 대부분을 회사에서 보내는 직장인들에게 여가 시간이란 턱없이 부족하다. 그래서 얼마 되지 않는 여가 시간을 어떻게 보내는지가 중요한 문제로 떠올랐다. 한국의 경제력이 선진국 대열에 들어서면서 삶의 여유가 생겼다. 경제력이 좋아지면서 과거에 비해 여가 시간도 늘어났다. 그러나 일하는 데만 길들여진 직장인들은 노는 방법을 몰랐다.

여가 생활을 즐길 때도 마치 일할 때처럼 심각해지고, 기껏해야 목적 없는 해외여행이나 인구 밀집지역으로 관광을 갈 뿐이다. 휴가가 끝날 즈음에는 몸은 녹초가 되고 지갑은 텅텅 빈다. 여행을 즐기고 온 것이 아니라 노동을 하고 온 것처럼 말이다. 최근에는

여가 문화도 조금씩 바뀌어가고 있기는 하지만 아직까지 많은 직장인들은 여가 시간을 어떻게 보내야 할지 잘 몰라 방황하고 있다.

서양의 직장인들은 휴가를 '아무 것도 하지 않는 것'이라고 생각한다. 한국, 넓게는 동양의 직장인들은 정해진 기간에 '이것도, 저것도' 즐기려고 동분서주한다. 평소에는 잘 세우지도 않는 계획에 휴가가기 한 두 달 전부터 계획을 빽빽하게 세워 이동하는 시간, 밥 먹는 시간도 줄여가며 꽉꽉 채운다. 일주일 만에 유럽 일주를 하고, 2박 3일로 동남아 여행을 한다. 명승지를 찾아 사진 한 장을 찍고는 다음 장소로 급히 이동한다. 단체 관광은 일정이 더 빽빽하다.

반면에 서양인들은 '이걸 할까, 저걸 할까' 신중하게 생각해 가장 좋은 곳에서 가장 좋은 방법을 선택한다. 한국인을 비롯하여 동양인들은 악착같이 놀려고 하지만, 서양인들은 느긋하게 즐길 뿐이다. 말 그대로 여가를 보내고 있는 것이다. 여가 시간의 양과 질을 따졌을 때 동양인과 서양인은 크게 차이가 난다.

이제 일개미처럼 일만 하는 직장인들도 조금은 여유롭게 삶의 질을 생각할 시기가 왔다.

물론 정신적으로 윤택해져서 한가하게 즐기되 결코 베짱이처럼 되어서는 안 된다. 개미는 열심히 일하고 베짱이는 노래를 부른다. 그것은 그들의 본능이다. 사고능력은 인간만이 가진 고유의 특성이다. 앞으로 직장인들은 생각을 하면서 일과 여가를 즐기는 '호모 개미베짱이(개미와 베짱이의 삶의 방식이나 인생관을 있는 그대로 인정하는 사고방식)'의 습성을 습관화하라.

마음의 안정을 주는 티타임을 가져라

차를 마신다는 것은 그 자체로 하나의 휴식이고, 일상에 필요한 충분한 수분을 섭취할 수 있어서 몸에도 좋은 효과만점의 휴식법이다. 집이나 직장에서 가볍게 즐길 수 있는 자신만의 티타임은 때로는 간소하게, 때로는 엄숙하게 치를 수 있는 선택이 용이한 휴식이기도 하다. 먼저 간소한 티타임은 몸이 안 좋거나 지금 하고 있는 일이 잘 풀리지 않을 때 일종의 기분전환용으로 취할 수 있는 편안한 휴식법이다. 이때는 차의 양도 그저 입으로 몇 모금 추기면 차가 바닥 날 정도로 적은 양과 몇 분의 편안한 시간이면 족하다. 물론 주위에 마음 맞는 동료가 있다면 가볍게 수다도 떨고 약간의 상사 욕도 가능하다. 하지만 이 시간은 그야말로 일상의 전환에 필요한 아주 짧은 몇 분만의 휴식시간이다.

다음으로 진지하게 자기만의 의식을 치르듯이 행하는 엄숙한 티타임을 들 수 있다. 이때는 주로 하루의 일과를 시작하기 바로 전의 아침나절이나 업무를 모두 끝낼 시점인 퇴근 시간 전 30분 정도가 좋다. 이때는 오늘은 어떻게 업무에 임할 것이며, 특별히 오늘 꼭 해야 할 일은 무엇인지, 직장 상사가 강조한 업무 강조사항은 무엇인지를 꼼꼼히 생각해 보는 시간으로서의 티타임이 될 것이다. 따라서 차분하고 성실하게 업무에 임하고자 할 때에 나름대로 자신을 다잡는 의미로서의 휴식이라고 보면 틀림없다. 이때는 마음을 다잡고 자신의 직무에 몰두해야 하는 일종의 성스러운 의식을 거행한다고 생각하라.

효과적인 티타임을 치르기 위해서는 나름대로 순서가 있다. 우선 애용하는 커피포트에 물을 필요량보다 훨씬 더 넣고 끓이는데(물이 폴폴 끓고 있을 때 느끼는 기분도 나름대로 촉촉한 감성에 젖게 할 것이다) 팔팔 물이 끓으면 잔에 부은 다음, 코밑에 대고 깊게 한번 심호흡을 해본다. 끓는 물에서 나오는 수증기가 발산해내는 촉촉한 차의 향이 후끈하고 얼굴을 약간 뜨겁게 적실 것이다. 그러면 찻잔 가득 두

손을 모으고 수증기가 뿜어내는 따스한 열기에 업무로 쌓인 피로를 풀어내면서 새로운 기분을 느끼도록 해보자. 이때 아주 특별한 자신만의 생각—업무에 대한 다짐이나 새로운 일에 대한 신념 등—을 하면서 몇 분의 시간을 나름대로 의미 있게 보낼 수 있을 것이다.

심신의 안정을 찾고 그윽한 차향을 음미하며 티타임을 즐기기에 좋은 차로는 레몬이나 페파민트, 박하가 좋다. 피로 회복을 위해서 자신에게는 카페인이 함유된 차가 더 맞는다고 생각하면 취향에 따라 홍차나 커피를 알맞게 조절해서 드시면 좋다. 무엇보다도 즐겁고 편안한 회사에서의 티타임을 위해서는 자신의 입맛에 맞고 차의 향을 음미할 수 있는, 순전히 자기 식의 차를 선택하는 것이 좋다.

이 시간은 단순히 건강만을 생각해서 차를 마시는 시간이 아니라 마음의 안정과 짧은 휴식을 음미하면서 자신을 릴렉스하는 시간이기 때문에 무엇보다도 자신의 취향을 우선시할 필요가 있다.

두드려라! 그러면 열릴 것이다

좋은 말을 하면 좋은 생각이 굳어지고, 나쁜 말을 하면 나쁜 생각이 굳어진다. 세계적인 경영학자 피터 드러커는 "늘 확신에 찬 말을 하고 지내다 보면 자신도 모르게 확신을 갖게 되고 엄청난 추진력을 이끌어 낼 수 있다."라고 말했다. 자신감이 가득한 말을 하며 지내다 보면 반드시 무엇인가 형상화된다. 탁하고 오염되고 불결한 말을 쓰는 사람은 반드시 생활도 그렇게 흘러간다.

말의 힘을 통해 마음을 다스리고 뜻하는 바를 성취하려면 평소 스스로를 격려하는 마음의 좌우명을 자신에게 일깨울 필요가 있다. "나는 이 일을 하도록 세상에서 지명된 사람이다. 두려워 할 것 없다. 나는 성공하도록 운명이 예고되어 있다. 마음의 세계에 이미 성취되어 있다. 마음의 세계에서 성취된 일은 반드시 현실 세계에서도 성취된다. 나는 반드시 이 일을 성공적으로 해내리라."

우리는 자신에게 반복적으로 전하는 메시지의 위력이 대단한 것과 마찬가지로 우리가 남에게 그리고 남이 우리에게 건네는 말 한마디 역시 가공할 위력을 발휘한다는 사실을 잊지 말아야 한다. 실제로 사람의 운명이 선생님의 평범한 말 한마디, 부모나 친구의 말 한 마디에 좌우되는 경우를 적잖게 볼 수 있다. 따라서 우리는 부정적인 언어의 사용을 삼가야 한다.

우리는 말이 곧 내 얼굴이요, 말 한마디에 자타의 운명이 달려 있다는 사실을 명심하고 좋은 말의 활용에 이전보다 더 큰 노력과 관심을 기울여야 한다. 또한 결코 남에게 저주의 말을 하지 말아야 하며, 남에게 저주와 비난과 질책을 받는 일이 없는 건전한 생활 태도를 확립해야 할 것이다.

인생은 결국 자신이 원하는 대로 흘러간다. 그것은 나폴레옹을 비롯해 많은 영웅이 주장한 내용이다.

사회의 일원인 자신이 처한 환경이나 상황은 그것이 좋든 나쁘든 과거에 자신이 구상한 결과이다. 그래서 자신이 미래에 어떻게 될 것이라고 상상하면 정말로 그렇게 될 가능성이 높다.

그러므로 100% 바람이 온전하게 이루어질 리는 없겠지만, 가능한 한 미래에 대해 밝은 쪽으로 생각하라. 미래를 부정적으로 생각하는 것은 아무런 이익이 없을 테니 말이다. '미래의 자신은 이렇게 되어 있을 거야', '그렇게 되려면 이러한 노력을 해야지' 등으로 긍정적인 방향으로 목표를 세우면 실현 가능성은 그만큼 커진다.

그래서 긍정적인 사고가 중요한 것이다.

나의 경험에 비추어보면 지금까지 만난 수많은 사람들 중에서 '이 사람은 정말 대단해'라고 느낀 사람들에게는 한 가지 공통점이 있다. 그것은 한결같이 '밝고 긍정적'이라는 사실이다.

대부분의 사람들은 정신을 바싹 차리지 않으면 일이 잘못될 거라고 부정적으로 생각하는 경향이 있다. 그래서 부정적으로 사고하던 습관을 고쳐 매사에 '어떻게 하면 가능할까'라고 긍정적으로 사고하도록 노력해야 한다. 우수한 관리자나 일류 비즈니스맨은 예외 없이 '어떻게 하면 가능할까'라는 긍정적인 사고방식으로 매사를 생각하는 습관이 있다.

'아마 안 될 거야.'가 아니라 '될 수도 있다.'는 가능성에 무게를 두라는 것이다. 단 1%의 희망이 있다면 그건 가능한 것이다. 물론 안 될 확률이 더 많다. 하지만 가능하다는 전제로 진행했을 때 우리가 얻게 되는 경험과 결과물은 실행하지 않을 때는 상상할 수 없는 가치가 있는 것이 된다. 가능성을 두고 진행했을 때 단 몇 %의 성공이라도 이루게 된다.

100%의 성공은 없다. 같은 의미로 100% 가능성도 없다. 10%, 30%, 70%의 성공을 거쳐 100%의 성공을 향해 가는 것이다. 가능성도 1% 가능성이 점점 30%, 70%, 100%의 가능성으로 발전하는 것이다.

우리나라는 한국전쟁이 끝난 후 전 국토의 70%가 초토화 되었

다. 많은 외국인들과 전문가들이 500년이 지나도 재건이 힘들 것
이라고 했다. 경제성장, 나라의 재건 가능성이 0인 나라였다. 그런
데 불과 60년 만에 기적을 이루었다. 외국인들은 더 적당한 말을
찾을 수 없어 미라클이 된 것이다. 하지만 우리는 단 1%의 가능성
도 없던 우리는 스스로 1%씩 가능성을 만들어 나갔던 것이다.

두드려라 열릴 것이다! 아니다. 열릴 때까지 두드리면 된다. 문
이 열리든 부서지든 둘 중 하나는 반드시 이루게 된다.
　가능성은 누군가 정해주는 것이 아니라, 스스로 정하고 만들어
가는 것이다.

내 안에 가득찬 확신을 밀고나가라

바다 표면에서 일 미터 들어갈수록 수압이 일 기압씩 높아진다.
바다 속 깊은 곳은 파도가 없고 아무 소리도 들리지 않는 고용한
세계다. 얕은 바다에 사는 물고기들은 육질이 푸석푸석하지만 깊은
바다에 사는 물고기들은 수압을 이겨 내기 위해 생김새도 아주 납

작하고 육질도 단단하다. 때문에 어시장에서 비싼 값에 거래된다.

내용물이 없는 텅 빈 깡통은 두드리면 소리가 요란하지만 안이 가득 차 있으면 소리가 나지 않는다.

지혜로운 사람들은 속이 꽉 차 있기에 대체로 그 움직임이 신중하다. 힘이 있는 사람들은 깊숙한 바다 밑 세계의 존재들처럼 행동이 신중하고 조용하며 평온하다. 정신이 불안하거나 강박관념에 시달리는 사람들은 힘이 약한 사람들이다. 힘이 없는 사람들은 갈대처럼 바람이 부는 대로 흔들리게 마련이다.

뿌리 깊은 나무는 아무리 거센 바람에도 끄덕이지 않는다. 끊임없는 수행으로 내공을 쌓는 사람들은 어떤 상황에 부딪혀도 가볍게 움직이지 않는다. 태산처럼 굳건하다.

세상을 이긴 사람들은 이 세상 어떠한 것에도 흔들리지 않는다. 누가 무어라 해도 흔들림이 없다.

미국의 저명한 심리학자 데이빗 슈워츠가 한 말은 우리가 어떤 자세로 세상의 역경을 헤쳐나가야 할지를 웅변으로 말해준다.

"당신이 만약 앞으로 전진하기를 원한다면 매복된 저격병을 두려워해서는 안 된다. 당신에게 쏟아지는 비난에 대해서는 초연하

라. 그리고 비난 때문에 동요하지 말고 줄기차게 자신의 코스를 달려라. 옳다고 생각하는 일에 대해서는 흔들림 없이 나아가라. 당신의 일에 전념하고, 예의 바르고 친절한 태도를 잃지 말고, 야비한 공격을 무시하라!"

우리는 이렇게 누가 칭찬하든 비난하든 개의치 않고 그저 여여하게 나아가야 한다. 평상시에 공부를 열심히 한 학생은 시험장에 들어갈 때 마음이 흔들리지 않고 불안하지 않은 법이다. 그와 마찬가지로 우리가 한평생 열심히 살아서 후회가 없다면 죽음을 마주할 때도 두려움이 없을 것이다.

자신감이란 힘에서 나온다. 끊임없는 자기 정진과 수양을 통해 내면의 힘이 쌓인다. 한 순간 한 순간 온 힘을 다하는 것이 일장춘몽과도 같은 유일한 삶을 무한하게 살 수 있는 길이다. 어떠한 시련에도 흔들림 없는 삶을 살 수 있을 때 그 사람은 진정한 인격자가 되는 것이다.

좋은 점이 하나도 없는 사람은 드물 것입니다. 수많은 나쁜 점들 가운데서 우연히 발견한 단 하나의 좋은 점에, 정성을 다하는 사람들이야 말로 진실로 마음의 눈이 밝은 사람들입니다. 완전히 좋은 점만 있고 완전히 나쁜 점만 있는 사람은 없습니다. 다른 사람의 좋은 점을 찾아서, 인정하고 격려하고 길러주는 사람이 진정 마음의 눈이 밝은 사람입니다.

−성자聖者 다미안−

대체로 천성이 밝은 사람은 마음도 밝다. 그리고 세상을 바라보는 눈이 밝고, 다른 사람들을 편하고 긍정적으로 만들어 준다. 긍정적인 면을 키우고 부족한 면은 채워준다. 천성이 밝은 사람을 우리는 하늘에서 뚝 떨어진 것처럼 생각할 때가 있지만 그들의 삶을 들여다보면 수많은 노력이 있음을 알 수 있다.

그렇다면 마음의 눈이 밝은 사람, 천성이 밝은 사람이 되려면 어떻게 해야 할까? 직장 내의 업무관계에 있어서의 현실적인 면으로 접근하자.

먼저 문제가 발생하면 그것을 정확하게 파악해 해결책을 강구한다. 이때는 현상을 용인하지 말고 일단 부정한 뒤 긍정적인 사고로 해결방안을 모색하라. 나는 그러한 사고방식을 '현상 부정, 대책 긍정' 이라고 부른다. 사전 준비가 끝났으면 밝은 태도로 주위 사람들을 동화시키면서 업무를 진행하라. 외면이 내면을 지배한다는 법칙처럼 업무를 통해 자신을 자연스레 천성이 밝은 사람으로 변화할 수 있다.

　사람은 어떠한 상황이나 현상이 21일 이상 지속되면 그것이 습관으로 정착되어 자신의 것이 된다고 한다.

　작심삼일은 논외로 하고 아무리 끈기가 있는 사람이라도 대체로 19일 정도가 지나면 포기한다. 수없이 찾아오는 고비를 3주만 참고서 밝은 태도를 지속하면 명실공히 자타가 공인하는 천성이 밝은 사람으로 변신할 수 있다.

　긴 인생 가운데 단 21일만 노력하면 여러분도 천성이 밝은 사람으로 다시 태어날 수 있다. 자, 무엇을 망설이는가? 어서 거울을 들고 자신의 표정부터 관리하자.

　처음에는 굉장히 어색할 것이다. 익숙해지면 다양한 웃음을 만들 수 있다. 어느 정도 익숙해지면 상황에 따른 웃음도 만들어 보자. 그동안 어색하거나 당황했던 순간들을 떠올리며 또 다시 그런 상황이 벌어지면 대체할 웃음을 만들어 보는 것이다.

　웃음박사로 잘 알려진 고 황수관 박사는 억지로 웃어도 웃는 효과는 똑같다고 했다. 가식처럼 보이는 웃음은 아직 훈련이 덜 되고 익숙해지지 않아서 그렇다. 웃음이 힘임을 믿기 바란다. 정말로 웃으면 복이 온다는 말을 믿기 바란다.

나에게 딱 어울리는 웃음을 찾아 행복한 삶을 살기 바란다.

아주 작은 것에서 삶의 희열을 찾아라

정신없고 분주한 삶에 길들여진 우리는 언제부턴가 자연이 주는 신비한 영성의 세계를 보고 듣는 감각을 닫고 살아가고 있다. 사실 우리가 눈뜨고 부딪치며 살아가는 생활 주변을 둘러보면 평소에 보지 못했던 작지만 소중한 아름다움의 결정들이 아주 많이 그들만의 우주를 이루며 살아가고 있다. 그곳에는 우리가 알지 못하지만 눈부시게 빛나는 의미있는 생이 살아 숨쉬고 있다. 지금 이 순간 당신이 살고 있는 주변 세계에 깊이 몰두해 보면 그동안 알지 못했던 아름다움에 새롭게 눈뜨게 될 것이다. 바로 자신이 자연의 일부라는 것을 받아들이는 순간, 비로소 당신 앞에는 진정한 안락과 겸허와 감사의 세계가 펼쳐지게 된다.

영국 시인 윌리엄 블레이크는, "한 알의 모래에서 세계를 보고, 한 송이 들꽃에서 천국을 본다."고 노래했다. 이처럼 일상 속의 미세한 변화를 감지해 자연과의 작은 만남을 가질 때 우리의 의식은 무한대로 확장되어 갈 것이다. 내 주변에서 조용히 숨쉬고 있는 자연의 오묘한 세계에서 우리는 소중한 인생의 지혜와 영감을 얻을 수 있을 것이다.

우리는 감당키 어려운 인생의 고비를 만나면 내 안에 숨쉬고 있는 원시의 힘을 찾아 자연 속으로 떠나 해결의 실마리를 찾아오곤 한다. 그만큼 자연은 인간에게 내적 치유력을 스스로 찾을 수 있게 하는 엄청난 에너지를 제공해 준다.

이처럼 대단한 자연의 치유력은 차치하고라도 우리는 날마다 주변에서 수많은 자연의 기적들이 펼쳐지고 있는 현장을 목격하게 된다. 실오라기보다도 작은, 눈에 잘 보이지도 않는 과자 부스러기 하나를 옮기기 위해 혼신의 힘을 다해 이리저리 분주하게 움직이는 개미들을 보라. 아침이면 산보 삼아 걸어가는 숲가에서, 약수 뜨러 나가는 공원 벤치의 조그만 그루터기에서, 아파트 정원 앞 잔디밭에서 꼬물거리며 부산스럽게 저마다의 세계에서 오묘한 생명의 한 동작 한 동작을 연출해 내는 풀벌레의 눈부신 몸짓을 보면서 살아 있음의 소중한 느낌을 온몸으로 소름 끼치도록 느끼게 된다. 아주 천천히, 미세한 자연 속의 한 포즈를 유심히 관찰할 만한 마음의 여유만 자신에게 허락할 수 있다면 자신의 주변 어디에서도 생명의 신비와 쉼터의 소중함을 가슴 가득 간직할 수 있을 것이다.

숲에서 나는 소리에 최대한 귀 기울이고, 주위에서 뿜어져 나오는 나무와 풀들의 향기를 최대한 집중해서 맡아 보라. 코끝으로 스며드는 푸릇한 풋내 나는 들풀이 있는 곳, 물이 졸졸 흐르는 산책길의 한 자리에 멈추어 그 향기와 소리를 직접 듣고 느껴 보라. 자신이 머문 그 자리에서 한동안 자연의 향훈을 가슴속 깊이 흠뻑 들이마셔 보라.

나만의 쉼터를 만들자

이제 자신의 집이나 회사 근처의 산책로나 공원을 자신만의 쉼터로 정하자. 아무런 생각없이 무심코 지나칠 때는 잘 모르는 일이지만 자기만의 산책로, 자기만의 공원에서 느끼는 평화로운 기운은 당신의 마음을 놀라운 체험의 세계로 이끌 것이다. 오늘 당장 집이나 회사 근처에 당신만의 비밀 아지트를 만들어 보라. 그리고 그곳에서 자기만의 휴식과 은밀한 내면의 시간을 가져라. 이때는 물론 정해진 규칙이 있는 것은 아니지만 다음의 순서로 순수한 마음의 평온을 가져 보면 좀 더 효과적인 쉼터로 활용할 수 있을 것이다.

첫째, 오로지 자기만이 느낄 수 있는 아담한 공간을 찾아서 확보해 두라. 보통 아침에 산책을 다니다보면 약수터 근처에 늘 익숙하게 느껴지는 장소가 있을 것이다. 그런 공간은 숲 속의 한적한 산 중턱일 수도 있고, 공원 벤치의 아름드리 나무 부근이 될 수도 있다. 아무튼 자기에게 가장 익숙하고 편안하게 느껴지는 장소를 한 군데 택해서 자기만의 은밀한 휴식공간으로 삼아라. 산책을 하다가 그곳에 가선 세상에서 가장 편한 자세로 다리를 쭉 뻗고 앉아 쉬거나, 있는 힘껏 팔을 쭉 뻗어 힘차게 기지개를 켜면서 몸을 최대한 이완시키는 동작을 십여 차례 반복하라. 그곳의 새소리와 바람소리, 풀 내음을 맡아 보기 위해 눈, 코, 귀를 비롯한 몸 안의 감각기관을 활짝 열어 놓으라. 그리고 천천히, 아주 천천히 당신 앞에 펼쳐진 조그만 우주의 향연을 깊은 감화의 느낌으로 가만히 들여다 보라.

둘째, 자신을 가장 집중할 수 있고 편히 쉴 수 있는 시간에 그곳을 찾아라. 보통 샐러리맨들은 아침 6시에서 7시경 사이가 하루를 시작하기 전에 비교적 짬을 낼 수 있는 시간대가 될 것이다. 하지만 직업에 따라, 하는 일에 따라 자신이 낼 수 있는 여유시간이 아침인 사람도 있고 한밤중인 사람도 있다. 여기서 중요한 것은 자기가 가장 편안하게 쉴 수 있고 생활의 압박을 덜 받는 시간을 선택하라는 것이다.

셋째, 특별히 신경을 써서 관찰하고 싶은 식물이나 풀벌레를 정해놓으라. 공원이나 운동장을 천천히 걷자. 늘 보아 온 사소한 풍경일지라도 한번 제대로 된 느낌으로 그곳을 들여다보고 있으면 그곳엔 새롭게 발견되는 경이로운 자연의 아름다움이 가슴을 파고들 때가 있다.

이제 곧 익숙지 않은 이상한 세계가 당신에게 다가설 것이다. 그 익숙지 못한 날것으로의 생경한 경이로움, 나뭇잎 새로 꼬물거리며 기어다니는 풀벌레의 생동하는 몸짓에서 우리는 내면의 눈이 열리는 것을 느낄 수 있다. 자기 자신 속을 들여다 볼 수 있는 내면의 눈을 갖는다는 것은 그만큼 세상에 대한 인식의 폭이 넓어진다는 것을 의미한다.

이제 나만이 간직할 수 있고 나만이 느낄 수 있는 자신만의 햇빛, 바람, 자연의 모습을 간직하자. 회사를 다니면서 늘 따라다니곤 하던 경쟁과 생존, 이기적인 마음을 풀고 자기 안의 이타적인 심성, 즉 평화롭고 아늑하며 경이로운 기운을 그대로 받아들일 수 있는 깨끗한 마음을 자연 앞에 활짝 풀어 놓으라. 그러면 풀벌레와 들꽃들의 오묘한 세계가 당신에게 편안하고 심오한 내적 평온의 세계를 가져다 줄 것이다.

'버리고, 비우며, 성공을 준비하라'

오늘 이 순간 나만의 행복한 성공을 만들기 위한 최고의 좌우명이다.

하늘을 나는 새들은 뼛속이 텅 비어 있다. 비행기는 높이 날기 위해서 듀랄류민이라는 가장 가벼운 금속을 사용한다. 등산을 할 때도 행장이 가벼워야 빨리 올라갈 수 있다. 많은 사람들에게 추앙을 받는 인물들은 이와 같은 원칙을 철저히 준수한 사람들이다. 그들은 무거운 짐을 버리고 가벼운 마음으로 살았기 때문에 이름을 드높일 수 있었다. 많이 가지고 있으면 높이 올라갈 수 없는 법이다. 물질에 대한 탐착의 마음을 내려놓아야 비로소 가벼워진다.

부처님은《지장경》에서 우리 중생들을 가리켜 등에 커다란 짐을 지고 수레에는 무거운 짐을 가득 싣고 언덕빼기를 올라가는 이와 같다고 말씀하셨다. 무거운 등짐을 지고 수레에 담고 싶은 것은 모조리 담았으니 밀고 올라가기가 얼마나 힘들겠는가? 이것이 바로 우리가 살아가는 모습이다.

남들보다 앞서고 싶으면 짐을 좀 내려놓고 살 줄 알아야 한다. 무거운 짐을 지고는 절대 앞으로 빨리 나아길 수 없다. 비우고 버려야만 앞으로 나아갈 수 있고 높이 오를 수 있다. 마음이 가벼워야 경쾌하고 육체적인 피로도 덜하다. 비관적이고 염세적인 사람들은 심신의 피로를 훨씬 많이 느낀다.

남을 탓하고 원망하는 마음에서 벗어나지 못하고 이미 지나가 버린 것을 자꾸만 생각하면 건강을 해친다. 스스로 마음속에 무거운 짐을 들게 하여, 그 짐이 몸을 병들게 한다. 짐을 내려놓고 낙천적으로 사는 사람이 병이 없고 건강한 법이다.

성공적인 인생을 살기 위해서는 욕심을 놓아야 한다. 과감하게 나를 버리고 비우면 마음의 공간이 넓어지고 마음이 맑아져 현자 같은 지혜가 열린다. 탁월한 발명가들은 이기적인 마음을 놓아버렸다. 그들은 인류의 발전과 번영에 이바지한다는 생각으로 살다 보니 영감이 떠올랐다고 말한다. 영감이란 억지로 짜내는 것이 아니다. 혼자가 아니라는 열린 마음으로 살다보면 의도하지 않아도 멋진 영감이 저절로 떠오른다.

나와 남을 둘이 아닌 하나로 보는 마음은 탐착으로 일어나는 계산과 분별을 버린 마음이다. 나를 버리고 비우면 인생의 꼭 채워야 할 지혜가 오롯이 담길 수 있다.

우리는 아침에 눈을 떠서 온종일 많은 사진들을 찍으며 살아간다. 우리의 눈을 비롯한 여러가지 감각기관은 갖가지 외부 대상들을 놓고 각양각색의 사진을 찍어 댄다. 그런데 하루 온종일 찍어대는 많고 많은 사진들을 되돌아보면 생각나는 것이 하나 있다. 그 사진들 모두가 상대방이나 대상과는 관계없이 스스로의 편견과 아집으로 착색된 렌즈를 통해 찍힌다는 사실이다. 다시 말해 그 사진들은 대부분 실상과는 별로 관련이 없는 허상들임을 깨닫게 되는 것이다.

나에게 플러스 요인으로 작용하는 사람이나 대상들은 우호적인 분위기의 사진으로 찍히고 나에게 마이너스 요인으로 작용하는 사람이나 대상들은 그 반대의 분위기를 담은 사진으로 찍힌다. 그 사진들은 상대방의 의도나 진실과는 관계없이 순전히 자기 본위로 찍은 사진이다.

만일 내 마음속에 있는 상대방의 사진이 부정적인 이미지라면 세월이 아무리 흘러도 그 사람과 긍정적인 관계로 발전하기는 아주 힘들다. 따라서 그와 나 사이에는 언제까지나 불편한 관계가 연출될 수밖에 없다. 이렇게 따지고 본다면 우리들이 겪고 있는 모든 행과 고통은 이기심과 아집을 바탕으로 찍은 상대방의 사진, 즉 허상에 의해 초래된다. 결국 자승자박이자 자업자득인 셈이다.

"과거와 타인은 바꿀 수 없다. 다만 미래와 자신은 바꿀 수 있다."
이제 좋은 습관으로 자신의 이상향으로 나아가야 한다.
무엇이든 배워서 친숙해지면 습관이 된다. 그대신 현상을 개선하려고 하지 않고 당연하게 받아들이면 무사 안일주의에 빠지게 된다. 자신이 바라는 이상향으로 갈 수 없다.

좋은 습관을 들이는 동시에 자신을 조금씩 좀먹는 나쁜 습관을 발견해 버려야 한다. 결점을 찾아내서 개선해야 하고 극복해야 한다. 좋은 습관을 기르면 스스로 자신을 질타하지 않아도 되므로 정신과 육체 모두 여유가 생긴다. 그것을 다시 좋은 습관을 들이는 데 사용할 수 있다. 다시말해 성공으로 가는 기초를 형성할 수 있는 것이다.

'먼저 외(隗)부터 시작하라(선시어외 先始於隗)'는 고사성어가 있다.

중국 전국시대 때 연나라의 소왕(昭王)이 곽외(郭隗)라는 참모에게 인재 등용 방법을 물었다고 한다. 그러자 곽외는 "인재를 모으려면 먼저 저부터 고용하십시오. 저 같이 보잘 것 없는 자를 소중히 여기신다는 걸 알게 되면 저보다 뛰어난 인물들은 자신들을 더욱 귀하게 여길 거라 생각할 테니 천리 길도 마다 않고 찾아올 것입니다"라고 대답했다. 이 고사성어는 큰일이나 사업을 할 때는 먼저 가까이 있는 사람이나 자신부터 돌아보라는 의미로 사용된다.

　가장 먼저 변해야 하는 것은 바로 자신이다. 성공이나 행운은 자신이 변한 다음에 찾아온다. 습관을 들이면 자신을 세울 수 있다. 그리고 자신을 세우면 이상향으로 나아갈 수 있다.

　인생의 행복이 그곳에 있는 것이다.